走进"一带一路"丛书

浙江省社科联社科普及课题（22KPWT06ZD-20Z）

# 非洲之角的"丝路驿站"
# 吉布提

盛　玲
徐子晗　编著

*The Republic of Djibouti*

浙江工商大学 出版社
ZHEJIANG GONGSHANG UNIVERSITY PRESS
·杭州·

**图书在版编目（CIP）数据**

非洲之角的"丝路驿站"：吉布提 / 盛玲，徐子晗
编著. -- 杭州：浙江工商大学出版社，2024.10.
-- ISBN 978-7-5178-6228-4

Ⅰ. K942.3

中国国家版本馆 CIP 数据核字第 2024ZT0654 号

---

## 非洲之角的"丝路驿站"——吉布提
FEIZHOU ZHI JIAO DE "SILU YIZHAN"——JIBUTI

盛　玲　徐子晗 编著

| | |
|---|---|
| **责任编辑** | 张婷婷 |
| **封面设计** | 蔡思婕 |
| **责任校对** | 林莉燕 |
| **责任印制** | 祝希茜 |
| **出版发行** | 浙江工商大学出版社 |
| | （杭州市教工路 198 号　邮政编码 310012） |
| | （E-mail：zjgsupress@163.com） |
| | （网址：http://www.zjgsupress.com） |
| | 电话：0571-88904980，88831806（传真） |
| **排　　版** | 杭州朝曦图文设计有限公司 |
| **印　　刷** | 杭州高腾印务有限公司 |
| **开　　本** | 880 mm×1230 mm　1/32 |
| **印　　张** | 5.125 |
| **字　　数** | 120 千 |
| **版 印 次** | 2024 年 10 月第 1 版　2024 年 10 月第 1 次印刷 |
| **书　　号** | ISBN 978-7-5178-6228-4 |
| **定　　价** | 59.80 元 |

---

# 走进"一带一路"丛书顾问委员会

田长春　中国前驻阿尔巴尼亚共和国、亚美尼亚共和国大使

华黎明　中国前驻伊朗伊斯兰共和国、阿拉伯联合酋长国、荷兰王国大使

李华新　中国前驻伊拉克共和国、阿拉伯叙利亚共和国、沙特阿拉伯王国大使，驻悉尼总领事

李瑞宇　中国前驻丹麦王国、意大利共和国大使

吴正龙　中国前驻克罗地亚共和国大使

吴思科　前中国中东问题特使，中国前驻沙特阿拉伯王国、阿拉伯埃及共和国大使

闵永年　中国前驻阿拉伯埃及共和国使馆参赞、驻文莱达鲁萨兰国大使

宋荣华　中国前驻菲律宾共和国宿务总领事

郁红阳　中国前驻约旦哈希姆王国、伊朗伊斯兰共和国、土耳其共和国大使

赵　彬　中国前驻奥地利共和国大使

柴　玺　中国前驻孟加拉人民共和国、马耳他共和国、马来西亚大使

黄惠康　联合国国际法委员会委员，中国前驻马来西亚大使

傅元聪　中国前驻东帝汶民主共和国大使

丁喜刚　新华社前驻达喀尔分社首席记者

王　波　新华社前驻伊拉克共和国、科威特国、沙特阿拉伯王国和巴林王国分社首席记者

刘咏秋　新华社驻罗马分社记者，前驻希腊共和国、斯里兰卡民主社会主义共和国分社记者

陈德昌　新华社前驻希腊共和国分社、塞浦路斯共和国分社首席记者

明大军　新华社前驻曼谷分社、驻耶路撒冷分社首席记者

章建华　新华社驻堪培拉分社首席记者，前驻喀布尔、河内和万象分社首席记者

**特别顾问**

马晓霖　浙江外国语学院教授，环地中海研究院院长

# 走进"一带一路"丛书编委会

# ‖ 目　录 ‖

◈ 开篇

◈ 上篇

◈ 中篇

◈ 下篇

开篇

吉布提位于红海与印度洋交界处，它占据着红海地区进出亚丁湾的唯一海上通道——曼德海峡，也是地中海—印度洋海运线路的中转站，有着得天独厚的地理优势，古往今来都是兵家的必争之地。

随着越来越多非洲国家加入中国"一带一路"倡议，吉布提作为中国在非洲地区稳步推进"一带一路"倡议的支点，其重要性逐渐显现。近几年来，吉布提国际自由贸易区、亚的斯亚贝巴—吉布提铁路等大型项目陆续完工并投入运营，中国与吉布提之间的双边合作日益密切，因此全面、系统地了解吉布提变得越发重要。"一带一路"倡议对我国现代化建设和国际地位的提升具有深远的意义。"一带一路"倡议完美契合沿线国家的共同需求，为沿线国家实现优势互补、开放发展开启了新的机遇之窗。作为国际合作、地区合作的新平台，"一带一路"倡议以平等的文化认同为前提，在各国之间开展多方合作，是和平、交流、理解、包容、合作、共赢精神的体现。

吉布提是"一带一路"沿线的重要国家之一，但因其面积狭小，国际地位和知名度不高，国内外对其的研究较为有限。吉布提在近代很长一段时间内都是法国殖民地，曾经被称为"法属索马里""法属阿法尔和伊萨领地"。随着 20 世纪 60 年代非洲人民解放运动的蓬勃发展，吉布提于 1977 年 6 月 27 日宣布独立，成立了吉布提共和国。近年来，吉布提提出了"2035 愿景"(政府于 2014 年推出的国家发展政策),通过与中国合作建立自由贸易区,积极发展对外贸易,吸引外国投资。加之吉布提国内政局稳定,这个东非小国逐渐吸引了国内外的关注。

　　本书将从吉布提的起源与亘古的神话,变迭的政权与多元的习俗,复杂的历史和独特的文化等方面向读者展现最真实的吉布提与"一带一路"倡议中体现的中吉友谊,让大家全面了解非洲之角的"丝路驿站"。

上篇

# 星星苍穹

　　神话传说，犹如点点繁星，每一颗都散发着独一无二的璀璨光芒，最终汇入奔腾不息的人类文明历史长河。吉布提神话宛若非洲神话星系中的一颗星星，在非洲文明的宇宙中闪闪发光。作为吉布提在国家历史发展进程中留下的宝贵的文化沉淀与重要见证，吉布提神话向世人展示着这块土地的亘古历史与文明的发展历程。

　　非洲是人类文明的重要发祥地，历史悠久，文化底蕴深厚。早在远古时代，当欧洲大陆还是一片冰雪世界，人类还难以踏足其他大洲的时候，撒哈拉的原始居民就已经过上了早期文明的生活。到公元前 5400 年，尼罗河两岸的居民开始了定居的农业生活。他们凭借着自己的聪明才智，建造了雄伟的建筑，收获了丰富的农作物，创造并发展了古埃及的早期文明。在公元前 3500 年前后，他们成功地建成了一个统一的奴隶制国家。许多铁器时代的遗址，人工梯田和灌溉工程的遗址，以及建有数千幢房屋的恩加鲁卡古城遗址①、大津巴布韦石头建筑城②等，都反映了中南非古代文明的发展程度。近代研究者发现，早在 2000 多年前，尼日利亚地区就有了较为发达的文明，在公元前 3 世纪左右便进入了铁器时代。尼日利亚享有"非洲文化

---

　　①　恩加鲁卡古城遗址，位于坦桑尼亚的西北部裂谷。
　　②　大津巴布韦石头建筑城，位于非洲东南部内陆。

摇篮"的美誉,著名的诺克文化①(前 700—前 200 年)、伊费文化②(1000—1400 年)和贝宁文化③(1100—1897 年),都是最好的见证。古贝宁王国④的阿波美王宫⑤是尼日利亚文明建设成果的典型代表。经历了沧海桑田,阿波美王宫也见证了非洲无比灿烂的历史与深厚的文化。

　　然而,正如大地上的河流需要汇聚才能成为大海,文明的发展也同样需要积累。原始的非洲人只有了解并掌握自然,才有资格创造伟大的文明。远古时代的人们知识储备极度贫乏,尚未掌握自然规律,仍处于探索状态。在生产力极为落后的情况下,他们完全依靠大自然提供的野果、野菜、鱼类和野兽为生。然而大多数时候因为自然气候恶劣,这些食物的获得非常不稳定,久而久之,在强大的自然现象面前,"神"的帮助对原始人来说就显得异常重要。他们只有想象出一个"无所不能,无处不在"的万能者的存在,才能把所有无法解释的现象变作他们可以接受的事实。因此,在出发采集生存必需的食物之前,原始人常常要向神祈祷,以求获得神的保佑,让他们外出时可以采集到更多的食物,并且免于各种意外,平安归来。崇拜神

---

　　①　尼日利亚中部乔斯高原及其周围地区的石器时代过渡到铁器时代的文化,20 世纪 30 年代初因首先在乔斯城西南的诺克村发现而得名。

　　②　尼日利亚石器时代文化,因发现于伊费而得名。

　　③　贝宁王国以制作精美的牙雕、木刻以及铜和赤陶的雕塑等艺术品而闻名,世称"贝宁文化"。

　　④　贝宁王国(Kingdom of Benin),非洲西部古国,位于今尼日利亚境内尼日尔河三角洲以西的森林地带。

　　⑤　1625—1900 年间,权倾一时的阿波美王朝的 12 位国王相继在位。除了阿卡巴国王建了一处单独的宫殿之外,其余的各位国王都把王宫建在同一城墙之内。考虑到与原来的宫殿的搭配,各个国王就地选材,建造了完美的建筑群。阿波美王宫是已消失的阿波美王朝的独特见证。由于严酷的气候条件和所用材料的弱点,王宫现已濒临毁灭。

是原始人为了延续生活、提高生产力、对抗外部威胁而做出的一种现实努力。因为种种限制，他们没有办法解释自然规律，只能凭借自己的幻想将自然的力量加以形象化来理解，将其称为"神"。人们赋予神人性，所以神的一个重要特点就是具有人的情绪和欲望：神也具有喜怒哀乐和七情六欲，能够满足人的祈求和诅咒，甚至还能和人进行交流。人们想象着人类和诸神之间的交流与千丝万缕的关联，他们之间又发生了怎样不同的故事导致了不同自然现象的发生。于是人们用语言把这些想象编织成故事来解释这个世界，在世世代代流传的过程中，这些故事通过不断修正与更新，最终成了我们所说的神话。

"吉布提"这个名字的来源就蕴含着一个古老的传说。"吉布提"在当地的语言中意为"沸腾的蒸锅"，可是这片异域的土地为什么会起一个使人联想到茫茫的蒸汽水雾的名字呢？其实，"吉布提"三个字，并不是当地居民反复斟酌研究后想出的具有深刻内涵的名字，而是源自一次有趣的乌龙事件。

传说第一批欧洲殖民者一路风餐露宿，终于带着未知的恐惧与兴奋踏上了这片土地，此时恰巧看见一位土著老人正在用锅煮东西吃，于是他们走上前询问这片土地的名字。但由于语言不通，他们只能借助肢体语言费劲地比画动作，来询问"这地方叫什么名字"。老人当然无法明白他们的意思，但看见他们风尘仆仆远道而来，似乎饥肠辘辘，善良的老人以为这些疲惫的外来者是想吃东西，便将他们指着锅的动作理解为"这是什么"。于是，老人也用手比画着说道："布提。"欧洲人听不懂，继续向老人比画询问，于是老人敞开嗓子说："吉布提！"在当地的阿法尔语中，"布提"是锅的意思，"吉布提"的意思是"沸腾的蒸锅"。至此，在两个语言毫不相通的种族之间的初次交流中，"吉布提"这个名字正式诞生，并一直沿用至今。

　　看似是一件由有趣的误会而引起的小事,但"吉布提"这个名字却巧妙地凸显出这块土地的实际地理位置与自然环境。虽然吉布提是沿海国家,但是由于处于非洲大陆东北部,海洋气候对它的影响并不大。整个国家主要以热带沙漠气候和热带草原气候为主,终年较为炎热,最高温度可达 52℃。从气候方面来说,天气就像一口煮着的锅,非常闷热;除了天气,吉布提的地形也像极了一口蒸锅,位于吉布提中部的阿萨尔湖①就是这口"大锅"的锅底。因此,用"沸腾的蒸锅"来描述吉布提可谓既贴切又生动形象。"吉布提"这三个字,冥冥之中也符合当地人对这块土地最真实恰当的形容。

　　吉布提位于欧、亚、非三大洲的交界处,连接着印度洋和大西洋,优越的地理位置使吉布提成为东非最大的现代化港口以及非洲之角的重要海上交通枢纽。数以万计的货轮每日在吉布提港口停泊、远航,因此从地缘政治上说,吉布提更是一口人人觊觎的"沸腾的蒸锅"。吉布提地处国际航运的关键位置,却因为自身军事实力薄弱,对打击海盗有心无力。猖獗的索马里海盗活动一度导致该国海运贸易停滞不前。吉布提只能引入各大强国军队作为依靠。从国家安全角度来说,吉布提也是时刻处于危险之中的"沸腾的蒸锅"。

　　吉布提的首都吉布提市②是一座古老的城市,它的起源和发展也充满着神话色彩,给吉布提市蒙上了神秘的面纱,也给

---

　　① 　阿萨尔湖是在吉布提发现的一个火山湖。它位于比海平面低509 英尺(155.14 米)的阿法尔洼地,它的海岸线包括非洲陆地上的最低点和仅次于死海的世界第二低点。阿萨尔湖是世界上最咸的水体,含盐浓度是 34.8%,比死海还高,是世界海洋盐浓度的 10 倍多。

　　② 　吉布提市 (Djibouti-Ville)是吉布提首都,也是全国最大的城市,政治、经济、文化和交通中心,并且是东非最大的海港之一。

后人留下了无尽的想象空间。传说很久很久以前,这片土地气候炎热、水源枯竭、草木稀疏,一片荒凉,人们生活苦不堪言,每天都要忍受酷热与干旱的折磨,每一次获取饮用水的旅程都像是在鬼门关前走一遭。这天,一个阿伯莱族①的小姑娘来到一口井边打水,长途跋涉之后,她已疲惫不堪,然而当她弯腰取水时,忽然看到井中有个英俊的小伙子正在朝她微笑。小姑娘以为是自己口渴出现幻觉了,她揉了揉眼睛,定神一看,小伙子的面庞却依然存在。小姑娘被吓坏了,扔下水桶往回跑。她回去后向当地人讲述了这件怪事,其他人也十分惊讶。起初他们并不相信,认为可怜的女孩已经在恶劣的生存环境中陷入了疯狂的臆想,然而当一行人随小姑娘来到井边查看之后,众人才发现原来真有个小伙子坐在井边的大树上。在沙漠中,很少有人有这样的闲情逸致,他定然拥有神秘的自然力量。小姑娘认出小伙子正是井水中的倒影。人们赶忙上前询问小伙子是谁,为什么坐在树上。小伙子说自己是神灵派来查看人间的使者,说完便轻轻地落在地上。就在他的双脚碰到干涸的地面的那一刻,大地霎时间草木茂盛,泉水汩汩自地下涌上荒原,昔日干涸的大地顿时充满了绿意生机。从此,这儿的人民不再四处漂泊,他们过上了安居乐业的生活。

　　这样美好的神话从侧面展现出非洲生存条件的恶劣,同时也反映了当地人民对幸福生活的期盼。炎热与干旱导致吉布提大部分地区并不适宜人类生存。所幸吉布提市受到了大自然的恩赐,地表之下蕴藏着甘甜的水,从而成了一座可供人类长期居住的城市。

　　历经几千年的发展,现在的吉布提市繁华又不失整洁,美

---

　　①　一个流行人体彩绘的非洲民族。

丽且富有特色。吉布提市没有高耸的建筑物,因为整个国家都处于地震带和火山带上。城市绿化和基础设施完善,建筑物风格多样、造型优美、布局合理,既具有东方风情,又有西方特色:阿拉伯式和欧式的楼房别墅掩映在林荫大道两旁的绿树和花丛中,整个城市既有自己的特色又充斥着异域风情。看来,当地人并没有辜负神灵的礼赠。

作为曾经的法国殖民者总督府所在地,吉布提市在吉布提共和国独立之前仍然是一个十分荒凉、人口稀少的小城镇。19世纪,吉布提到埃塞俄比亚首都亚的斯亚贝巴的铁路的修建才真正带动了吉布提市的发展,交通状况得到改善之后,吉布提市开始逐渐繁华起来。往日殖民血腥阴影逐渐随着沙漠的风尘散去,今天的吉布提市已然成为全国的行政中心、工业中心和交通枢纽,并且由于独特的人文地理,其旅游业十分发达。如今吉布提市虽然热闹非凡,但依然保持着如昔日传说中那样美丽整洁的城市风貌。

吉布提这口大锅的"锅底"——阿萨尔湖是一个咸水火山湖,总面积约 119 平方公里,位于吉布提市西北面阿法尔洼地①,湖面低于海平面 509 英尺(155.14 米),是非洲大陆的最低点。任何来到阿萨尔湖的游客,都会惊叹于它的美丽:在阳光下熠熠发光的天然盐层像是一道银色的地平线,将湛蓝色的天空与灰色的大地分开。在一个沙漠面积占全国面积 90% 的国家里,拥有一个盐资源如此丰富的湖泊,这或许就是神灵派来的使者带给炎热的吉布提最好的礼物,因此阿萨尔湖在当地人民心中是一个"聚宝盆"。

---

　　①　阿法尔洼地(又称为达纳基尔洼地)位于非洲埃塞俄比亚北部,是地球上最热的地方之一,最高温度达 49℃。阿法尔洼地的盐产业发达,已有数个世纪历史。

　　吉布提是一个充斥着神话传说的国度。传说中的英雄，就像神话里的神一样，尽管有些是编造出来的，其真实性已难以考证，但他们每一位都带着吉布提人民对美好幸福生活的祈愿与渴望。部分英雄即使在历史上确有其人，也普遍遭到了不同程度的放大与神化，展现出了超越人类能力的奇迹。时代需要一个伟大的人被铭记，但如果这个人是普通人，会大大降低这个人在大家心中的影响力。出于对英雄人物的尊敬与爱慕，人们不自觉地把这个人放入神话故事之中，让他变成可以拯救万民于水火的神，所以那些最符合英雄条件的人就成了民众愿望的化身，被神化了，他们成了来自人间，但又超越人类的"英雄"，也因此凭借超人的事迹受到后世的崇拜与铭记。

　　非洲文学研究者路丝·芬尼根在《非洲口头文学》中说过这样的话："非洲宇宙神话同玻利西尼亚人和美洲印第安人的宇宙神话相比，是微不足道的。非洲神话是非洲口头文学的重要组成部分。"非洲文学研究者福尔比斯·斯图亚特在他为非洲民间传说集《牛背上的孩子与其他传说》写的"导言"中说："非洲故事'迄今诉诸文字的已有七千个左右，大多散见于学术著作和刊物中，据汇集者估计，未曾记录的民间故事多达二十万个且大多数故事起源于古代'。"由此可见，非洲在古代有着相当繁荣的文化体系，这也进一步说明了非洲古代的辉煌。毋庸置疑，这些民间故事一定也包含了许许多多的神话色彩。1936 年，德国学者 H. 鲍曼在其著作《非洲人的原始人类神话作品》中，曾试图通过分析 2000 个非洲神话，来研究非洲的历史与文化发展的线索。当然，也有许多非洲神话没有被书籍收录，有些甚至没有用文字记录下来，只能通过语言代代相传，自然不可避免地在流传过程中丢失最初版本的细节。实际上，以部落为单位的生产生活方式，以及文字不发达导致的口口相传的文化形式,都是非洲神话传说故事如此繁荣兴盛的重要原因。

　　尽管 20 世纪 50 年代,尤其是 80 年代以来,中国报刊发表过零星的非洲神话,出版单位也出版过几本非洲神话的书,但读者们对非洲神话还是知之甚少。不同的文化形式也导致了非洲以史诗为主的神话传说故事在中国并没有很大的市场,无法得到充分的交流和发展。

　　在吉布提,阿法尔神话和伊萨斯神话是主要的神话体系,都起源于阿拉伯。这是由于阿拉伯人移民到吉布提,与当地社会文化融合产生了宗教信仰。

　　古希腊有《伊利亚特》①和《奥德赛》②两大史诗,非洲也有四大史诗:《松迪亚塔》③《奥兹迪》《姆温都史诗》和《李昂戈·富莫》④。史诗是经过长期发展和演变,在形成和发展过程中吸收了神话、传说、故事等其他民间叙事文学,经过人类加工形成的具有独特题材内容、艺术思维方式以及诗学等方面体系的民间叙事诗。如果说神话是原始民族思想信仰的具体化,那么史诗就是神话的艺术化。史诗消化了各种民间的口头表达形式,将代代相传的故事以文字的形式确定下来。从文学类型的角度

----

　　①　《伊利亚特》(希腊语 ΙΛΙΑΣ,Ilias,Iliad,又译《伊利昂记》《伊里亚特》),该史诗据传是由盲诗人荷马(Homer,约前 9—前 8 世纪)创作。

　　②　《奥德赛》(希腊语 ΟΔΥΣΣΕΙΑ,转写 Odýsseia,又译《奥狄赛》《奥德修纪》或《奥德赛飘流记》)是古希腊最重要的两部史诗之一。《奥德赛》延续了《伊利亚特》的故事情节,相传为盲诗人荷马所作。

　　③　《松迪亚塔》(Sundiata)是非洲长篇英雄史诗,歌颂 13 世纪西非马里帝国的奠基人松迪亚塔创建国家的英雄业绩。全诗 18 章,以几内亚杰利巴科罗村的民间艺人马莫杜·库雅泰口述的形式写成。

　　④　这部史诗展现了斯瓦希里语的语言艺术,其主题在揭示东非沿海地区的社会面貌以及教育人们形成良好品格等方面具有重要意义。

看，史诗代表了在一个特定口头传统中充分发展的、较为成熟的语言艺术成就。这样的艺术加工展现出非洲文明富有内涵的文化历史。

曾在吉布提境内生活过的索宁克人①的史诗《盖西瑞的诗琴》中就有这样一个神话。传说美丽的力量女神瓦盖都②，光彩照人，但却经常消失在人们的视线当中。她消失的原因有很多：有时是因为她子女们的虚荣心，有时又是因为他们太过虚伪，有时是因为他们的贪心，有时又是因为他们的纷争。每一次消失后重现，瓦盖都都要改变上一次她面对的方向，先对着北方，后对着西方，再对着东方，最后对着南方。据说这些方向是女神瓦盖都的力量来源，她也被认为是存活在人们心中的力量，有时可以被看见，有时又因为人们贪得无厌的态度，过于疲惫而消失不见。据说如果有人能够第五次发现瓦盖都，她就能强有力地活在人们心里，再也不会消失，虚荣、伪善、贪心和纷争便再也不能伤害她。"嚯！迪尔拉，阿盖达，甘纳，西拉！嚯！法莎！"人的罪愆使得瓦盖都一次又一次消失，但每一次重现，她都获得了新的力量，下次出现时更加光彩夺目。"虚荣带来吟游诗人的歌，受到今天人们的赞赏和模仿；虚伪又带来雨水般的金子与珍珠；贪心带来书写能力；纷争使得瓦盖都像南方的雨和撒哈拉的岩石一样耐久。"人们齐声赞颂道："嚯！迪尔拉，阿盖达，甘纳，西拉！嚯！法莎！"

力量女神瓦盖都体现了吉布提人对"内心力量"的思考。古代非洲的人们将虚荣、虚伪、贪心和纷争四种想法作为影响人们心绪的四大要素。每一次战胜心魔，人的内心就会更加强

---

① 西非尼日尔河和塞内加尔河上游的跨界民族。

② 力量女神，掌管气力与能量。

大,直到战胜四种心魔,人的内心力量将会坚不可摧。不同于西方文化把傲慢、嫉妒、暴怒、懒惰、贪婪、暴食和色欲定义为七宗罪,非洲文化中人们一直视这四种心魔为最大的敌人,这或许与两地不同的生存环境有关。西方较为宜居,自然环境会让人衍生出更多的欲望,而非洲恶劣的自然环境则限制了人们对更多欲望的追求。虚荣会导致人们肆意挥霍本就不多的生存物资;虚伪会导致人们在艰难的生存环境下难以团结一心;贪心会导致人们强占资源;纷争则会导致人们无法和谐发展。战胜了这四种心魔以后,人们就有了在非洲这片自然环境恶劣的土地上生存的资本。这个神话故事限制了人们的邪恶想法,将人们引向女神瓦盖都代表的善与美,让人们想第五次见到女神。

　　除了解释"内心力量"外,吉布提人还把视线投向了天空。面对外界多变的自然现象,吉布提神话甚至解释了天空为何呈现其当前形态。吉布提神话中描述,天空曾经悬得很低,低到"手可摘星辰"的高度,人们伸手就能轻松触摸到它。或许是出于对未知的恐惧和对已知的放心,人们倒也喜欢天空悬得如此之低,它就像一个巨大的、具有保护性的穹顶,让人们免受外界未知元素的侵害。但有一天,两个女人为了做饭开始捣磨小米。当她们上下移动磨米杵时,由于磨米杵比较长,在两人的捣磨过程中,磨米杵竟不知不觉地开始在天空上打起了孔。起初,天空忍受着,但最终,在被连续打孔的恼火和痛苦中,天空怒吼着让她们停下来。没想到妇女们竟然无视这一要求继续上下倒腾着磨米杵。无奈之下,天空只好不断升高,逐渐升到了现在的位置。

　　据吉布提神话所说的,如今天空被妇女们的磨米杵折腾出的伤口仍以星星的形式可见。星星之所以明亮,是因为苍穹的杆状伤口被太阳从背后照亮,就像在森林里,树影婆娑的时候,太阳透过茂盛的枝叶洒下星星点点的碎光。而云层被认为是提着水桶的妇女,当雨水从星洞溢出时,就会下雨。不只是吉布提,类似的关于天空的传说在非洲其他地方也比较常见,如在索马里,天空被称为"daldaloole(那个有洞的东西)"。在他们的眼里,神灵在天空的背后戳出许多洞来窥探人间,因此雨水与星光才能从天空中的洞穿过,洒落人间。但是无一例外,天空都被视为人们生产生活的保护伞,天空之外是未知的世界,是可能对人们正常生活构成威胁的地方。

就像人们为了躲避夜晚与野兽的危险,会建起各种各样的房子。在房子中一抬头就可以看见保护自己的屋顶,而天空是人们抬头第一眼能看到的最远的事物。对神灵与未知的恐惧,让人们天然地害怕天空之外的事物,所以他们愿意相信天空是实心的,只有些许小洞分布在天空上。这种危机感是人类在面对危险的大自然时下意识产生的,也是人类在遇到未知时的一种自我保护的反映。

在纳米比亚也有与自然元素"水"相关的神话传说。从前有一个叫凯特瑟曼的小男孩,因为腿部的缺陷,不能和其他孩子一同玩耍,因此被其他孩子不断地边缘化。渐渐地,没有人愿意和他做朋友,村庄中也没人关注他。平日里,他只能独自坐在水坑旁边,静静地看着翠鸟潜入水中捕鱼。有一天,凯特瑟曼看见一个大家伙从水中出来。他想跟它打招呼,但一眨眼这个大家伙就不见了。"这太不可思议了!"凯特瑟曼感叹道。他赶紧跑回村子里告诉其他的孩子他的所见所闻,但是没有一个孩子相信他,大家还嘲笑他编故事。为了羞辱他,孩子们都跑去水坑里戏水游泳。"看,凯特瑟曼,"其中年龄最大的男孩叫道,"我下水去找你的怪物。"每个孩子都笑了起来。但出乎意料的是,那男孩跳水下去之后,过了很久都没有动静,再也没有上来。孩子们都吓坏了,纷纷跑回家告诉父母。村子里顿时充斥着悲伤和恐惧的情绪,因为这已经是第四个溺水的孩子了。也正是在这时,凯特瑟曼有了一个想法,他起身独自向森林深处走去,一直走到他的瘸腿疼痛得无法动弹。凯特瑟曼不断地呼喊着纳格里。纳格里是村里老人经常挂在嘴边的小精灵,据说它乐于帮助那些陷入困境的人。孩子们从来不相信纳格里的存在,只有凯特瑟曼坚信这个谁也没见过的小东西真的存在。终于,纳格里听到了凯特瑟曼的呼喊。"你怎么了?"小精灵纳格里好奇地问道。凯特瑟曼坐在树下边喘气边说出事情的经过。"跟我来。"纳格里拉着凯特瑟曼的手。神奇的事情发生了!他们一起飞快地掠过树梢,到达水坑旁。纳格里在水面上呼喊,没过多久一条巨大的蛇从深处涌现。凯特瑟曼被吓了一大跳,摔在了地上。"没什么好害怕的,它是这片水域的守护者。"纳格里淡然地说,"守护者,请您把孩子们还给我们!"纳格里朝着湿漉漉的大蛇吩咐道。听闻此言,大蛇异常顺从地从水中缓缓游到沙岸,慢慢地张开了嘴。让凯特瑟曼惊讶的是,大蛇的嘴里居然有四个孩子。"以后不要在这个水坑里游泳了!"小精灵纳格里叱责孩子们,"这里的水是用来喝的,弄脏了可就不好了。凯特瑟曼是你们的救命恩人,他找到了我,这才将你们救出来。""我们再也不会那样做了!"孩子们回答,并紧紧抓住了凯特瑟曼的手。"凯特瑟曼,"最大的那个男孩带着哭腔说道,"我们不相信你,你非但不生气还愿意救我们,以后我们就是朋友了。"最后,孩子们和小精灵一起看着大蛇游回水坑的深处。凯特瑟曼笑了笑,向小精灵纳格里道谢。不一会儿,纳格里就悄悄地消失在了这无边的黑暗中。凯特瑟曼和孩子们回到村里,跟村民们讲了他们的经历。人们满心欢喜,准备了一场盛宴庆祝孩子们平安归来,并向他们的英雄凯特瑟曼致敬。许多个夜晚,他们围着篝火跳舞,唱着感谢凯特瑟曼、纳格里和水域守护者的歌。

另一个与"水"相关的神话也充满着守护色彩。一个寒冷的冬天清晨,在干燥的喀拉哈里沙漠,一个皮肤黝黑的布须曼人,背着弓和毒箭,从清晨的空气中嗅出了野生的麋羚特有的气味。过去的四天时间里,这个不幸的布须曼人没有找到任何食物和水。虽然疲惫不堪,但他不能让自己休息,他必须在中午前找到食物和水,否则他就会饿死。不可思议的是,当他爬过一个小沙丘时,看到沙丘后面有两只麋羚正在啜饮,一头年幼的疣猪在水坑泥地里玩耍。他顿时觉得他的运气来了,他取出毒箭,弯弓瞄准,旋即射出了致命的一箭,毒箭带着旋风在空中划出了一道优美的弧线。一只麋羚中箭后轻轻地坠入红色的喀拉哈里沙漠,渐渐将黄沙染成了深红色。转瞬间,整个沙漠仿佛都沉寂了下来,连鸟儿都不再唱出欢快的歌曲,就好像动物们在互相转告,警告着彼此不要靠近水坑。布须曼人感到很满足,因为他终于找到了一个有充足食物和水的地方。因此他决定在那里定居一个月,再对未来从长计议。他找到一些细长的树枝,把它们塑造成一个穹顶状的小屋,用之前杀死的一些动物的皮毛遮住部分裸露的圆顶,其余的地方用北部沙丘平原上的高草覆盖着,这样,一个简易的屋子就搭建好了。一个月里,布须曼人一直打猎、集水、制箭,并为他的箭头收集毒药。每一个寒冷的夜晚,他都会在最后一道黄昏的橙色光线在西方地平线消失的时候安然入睡。但在一个异常寒冷的夜晚,在他睡着之后,一阵雷鸣般的嚎叫惊醒了他。他跳了起来,跑到小屋外面,此时阳光已经从地平线落下,天黑得看不见了,于是他决定回到小屋继续睡觉,第二天早上再去调查原因。天亮之后,布须曼人离开了温暖的炉火,忍受着严寒,带着他的弓和毒箭,朝那声音发出的方向走去。他越过了草地,穿过了平原尽头的沙丘,终于在离他小屋很远的一个很深的峡谷的边缘停了下来。在黑暗峡谷的底部躺着一个灰色的身影:一头老象死了。但当布须曼人眯起眼睛望向下面看起来更深的峡谷时,他惊奇地发现那里躺着几千具骨架和正在腐朽的大象的尸体。那一定是他昨夜听到的声音:这头大象受伤了,快要死了,它用尽最后的力量走向山谷。几头大象陪伴着它,它们会在它坠入黑暗的峡谷之后才离开。布须曼人曾听说过这样的大象坟墓,但却从未目睹过这样的情形。几周过去了,离开的时间到了,但在那几周内,许多大象都死在了峡谷里。布须曼人越来越喜欢这些大型哺乳动物。有时他会走近一群大象,它们就像是他的朋友。

在一个命途多舛的春天,一头狮子袭击了正在追踪麂羚的老布须曼人。他们搏斗了很长一段时间,直到最后,老布须曼人设法从他的皮套中拔出了一支有毒的箭,用尽全身力气刺死了狮子。老布须曼人挣扎着朝他的小屋走去。时间一分一秒地过去,由于不断地失血,他变得越来越虚弱,走到小屋前面的时候,他终于支撑不住,跪倒在地。可能已经到了生命的尽头了吧,老布须曼人意识到了这一点。黄昏的时候,老布须曼人熄灭了屋子里闪烁的火苗,用尽全身力气将他的弓抛向了远方,他备受痛苦地挣扎着向北方走去,穿过长满青草的平原,翻过遍布黄沙的沙丘,朝着埋葬着大象的黑暗峡谷走去。他终于可以像这些大型哺乳动物一样,有一个体面的坟墓。他纵身一跃,消失在黑暗之中,撞到了冰冷的白色骨骼和漂亮的白色长牙,砾石在他的身下沙沙作响。在平原的南边,在斑马、麂羚和疣猪喝水的地方,只有一种微弱的叫声在草地平原边缘的沙丘上回荡,所有的一切,似乎顷刻间结束了。

从历史的进程来看,非洲文明在没有被卷入世界市场之前一直与自然和谐相处。如果不是欧洲人对非洲的过度探索与开发,非洲人似乎能一直安稳地与自然和谐共处,或许这就是这个神话给后辈们的警示。

非洲神话不仅仅是古代非洲人对现实的反映和口头记录,也是其对现实与历史的一种多元解释和说明。这种记录、解释和说明,让我们看到了古代非洲繁荣的文化与对自然的探索和认知,也让多姿多彩的非洲文化被世界包容。

# 非洲《奥德赛》

犹如一部非洲版的《奥德赛》，吉布提与生活在这片土地上的子民就如同传说中的"奥德修斯"①一样，历经种种磨难，一心希望回到被他们视为"伊甸园"的伊塔卡岛②。吉布提从法属殖民地走向独立国家的历程从一开始就异常坎坷而又富有戏剧色彩。

2021 年，曾担任国家秘密警察总长的盖莱③第四次成功当选总统，这位总统向来擅长灵活使用政治和军事手段来达成自己的目的，被认为是前任阿普蒂敦④总统的不二接任者。国民普遍认为盖莱的亲中态度能够给吉布提的未来带来全新的发展。

---

① 奥德修斯（英语：Odysseus），又译俄底修斯，是古希腊神话中的英雄，对应罗马神话中的尤利西斯。他是希腊西部伊塔卡岛国王，史诗《奥德赛》的主角，曾参加特洛伊战争，献计攻克了抵抗 10 年的特洛伊。战争结束后，他在海上漂流 10 年，部下死伤殆尽，经历无数艰难险阻终于返回故乡，与妻儿团聚。

② 奥德修斯的家乡。人们认为这是位于刻法勒尼亚岛（现名西阿基岛）东面的一个小岛。这个岛的形状与荷马所描写的很相似。

③ 伊斯梅尔·奥马尔·盖莱（法语：Ismail Omar Guelleh；索马里语：Ismaaciil Cumar Geelle；阿拉伯语：اسماعيل عمر جل），现任吉布提总统，1999 年 4 月，接替其叔叔哈桑·古莱德·阿普蒂敦担任吉布提总统。2005 年、2011 年、2016 年、2021 年，盖莱四次连任总统。

④ 哈桑·古莱德·阿普蒂敦（1916—2006 年，伊萨族人），反对法国对吉布提的殖民统治，也反对吉布提同邻国索马里合并。他是吉布提总统兼政府首脑，争取进步人民联盟主席。

一天晚上，来自吉布提边缘港口城市奥博克①地区的一名年轻人巴尔卡特出现在吉布提港口，和海岸上的年轻人一起庆祝这一政治上的胜利时刻。巴尔卡特在他从奥博克中学毕业之后就来到了吉布提，从一个默默无名的印刷学徒做起，逐渐成长为通信行业的熟练工。现如今，他获得了中吉跨国公司在吉布提办公室中层文员的职务，这对于只有中学学历的巴尔卡特来说，无疑是一个天大的好消息。他想要在第一时间将这个喜讯连同国家政治上的胜利一同分享给家人，巴尔卡特自然地选择了传统邮件的方式，因为在他还是个中学生的时候，就已经经手大量邮件的收发，久而久之，对纸浆产生了异常浓厚的情感。然而，他不知道的是，他所贴上的那一枚邮票恰恰是吉布提政治历史成长的最好见证。

1884 年，法国军队无情地入侵了巴尔卡特的家乡奥博克，法国人把一种等腰三角形的邮票当作吉布提地区通信的唯一官方认证标志。然而在 4 年后，即 1888 年，吉布提市因为交通上的便利取代了奥博克成为新的中心港口，邮戳上的字样也随之慢慢地变成了"法属索马里海岸（Cote Francaise des Somalis）"。由于非洲难民们想前往欧洲和中东过上和平的生活，吉布提也因此成了索马里、埃塞俄比亚②和厄立特里亚③移民的必经之地。1967 年，邮戳上的字样再一次被改成了以两大民族命名的"法属阿法尔和伊萨领地（Territoire Francais des Afars et des Issas）"。

①　奥博克在塔朱拉湾东北岸，当地有小型飞机场。

②　埃塞俄比亚联邦民主共和国（英语：The Federal Democratic Republic of Ethiopia），简称埃塞俄比亚，位于非洲东北，东与吉布提、索马里毗邻，西同苏丹、南苏丹交界，南与肯尼亚接壤，北接厄立特里亚。

③　厄立特里亚（Eritrea）位于非洲东北部，西邻苏丹，南邻埃塞俄比亚、吉布提，东隔红海与沙特阿拉伯和也门相望，扼红海进出印度洋的门户，地理位置十分重要。全国海岸线长 1200 公里。

然而,法国的影响始终笼罩着吉布提,一直到 1977 年吉布提获得独立,成立了属于自己人民的共和国,法国对其的影响才逐渐减弱。为了庆祝共和国的诞生,邮戳上的字样终于改成了"吉布提共和国(La République de Djibouti)",并一直沿用至今。

　　吉布提自然资源极度匮乏,沙漠和半沙漠是其主要地形。有些人甚至将这个国家的自然景象与没有任何生气的火星进行比较。吉布提大地上遍布岩石,还有不少盐碱地,导致土壤较少,大地四分五裂,裂缝与裂缝之间仅有稀疏的植被作为点缀,稀有的绿地主要集中在高地和绿洲周围。对殖民者来说,这样一个"不毛之地"当然不是获取财富的理想对象。相比之下,殖民主义者对吉布提产生浓厚兴趣主要还是因为其"非洲之角"的地理称号,谁控制了这块战略要地,谁就等于控制了欧亚之间的海路运输权。数个世纪以来,欧洲殖民者的枪炮硝烟始终是这片地区的底色。直到共和国的今天,吉布提也仍然是各国势力混杂的中间带,6 个国家的军事基地驻扎于此,以保证世界船运货流的通行安全。

　　到了 19 世纪中期,欧洲殖民者为了积累财富,扩大自己的势力范围,加快了对非洲这片土地的瓜分。由于"非洲之角"地理位置的重要性与特殊性,吉布提又一次成为欧洲殖民者眼中的一块"肥肉"。在这块不发达的土地上,英、法、意、德四大国争相开始瓜分与抢夺,谁也不想失去这块向他处发展的完美跳板,毕竟占领当地的港口就意味着节省了途经好望角的全部航程。1869 年开通的苏伊士运河①,使吉布提的天然战略地位得

----

　　①　苏伊士运河,又译苏彝士运河,1869 年修筑通航,是一条海平面的水道,在埃及贯通苏伊士地峡,沟通地中海与红海,提供从欧洲至印度洋和西太平洋附近土地的最近航线。它是世界使用最频繁的航线之一,也是亚洲与非洲的交界线,是亚洲与非洲、欧洲人民来往的主要通道。

到了进一步的巩固。

因此,法国于1850年率先全面入侵吉布提,一来是为了在非洲争夺具有战略意义的殖民地,二来是为了向亚洲扩张军事势力。1862年,法国向苏丹王购买了奥博克港,并建立了军事基地,为继续向索马里半岛扩张做准备。随着法国国旗在奥博克港冉冉升起,法国在吉布提也拥有了向非洲进一步扩张的前哨基地。1884年6月,法国任命莱翁斯·拉加尔德①为奥博克总督。在他的推动之下,法国的势力范围逐渐从奥博克港扩张到塔朱拉港北岸地区,并且通过与当地部落缔结永久友好条约,法国逐渐将包括吉布提港在内的全部领土收入囊中。最终,法国在1888年与英国签订英法协议,以勘界的形式肯定了法国占领吉布提全境,瓜分了"非洲之角",同时宣布吉布提是法国的保护领土,将吉布提纳入其实际控制范围内。1896年,法国将其在非洲的占领地区与吉布提合并,"法属索马里"殖民政府正式成立。法国整合了其在非洲的势力范围,对其在非洲掠夺资源、保护本国航线起到了重要作用。从那时开始,法国就已经实际控制了由红海进入印度洋的海上交通要道,这为法国在亚洲的殖民扩张提供了重要跳板。而吉布提就此进入了长期被殖民统治的历史,成为法国保证苏伊士运河安全,获取源源不断的资源的重要殖民地。

作为老牌的殖民主义国家,法国将各种控制殖民地的手段运用得炉火纯青,但是也顺应时代发展推出了新的殖民手段。经过了购买领地、签订协约、勘界的第一个阶段,法国人于1920—1945年在非洲大陆开始了殖民活动的第二个阶段,即通过发展殖民地,提高殖民地自身生产力,来稳定法国在非洲殖

---

① 莱翁斯·拉加尔德(Léonce Lagarde),法国军官。

民地的实际地位,同时获得更大的经济利益。在此期间,法国同样加强了对吉布提的经济同化。这个政策一来是使殖民地尽可能地实现自给自足,确保法国不需要投入过多资源就能回本;二来可以进一步加深吉布提经济与法国经济的紧密联系,将非洲殖民地牢牢地捆绑在法国的战车上,为法国提供继续扩张的动力。为此,法国几乎真正做到了"视殖民地如己出":法国像发展其著名国企家乐福①一样卖力地发展着殖民地企业,这意味着法国公共资金也被用来促进殖民地的生产。这种将本国资金用于殖民地发展的举措让法国的殖民行为看上去似乎不再像是一种侵略,实际上这只是殖民主义行为从"竭泽而渔"向"从长计议"的一个过渡,法国作为殖民者其本质立场从一开始就从未改变。

时至今日,关于法国加强经济同化这一举动的原因依旧众说纷纭,毕竟殖民地一直以来只是殖民主义国家掠夺资源、倾销商品的对象,发展殖民地这一行为从任何角度来看似乎都不是获利的最佳方式。从殖民主义的本质来看,经济同化政策并不能快速地为法国殖民统治者提供最大的利益,甚至还需要法国牺牲本国资源,对殖民地进行帮助。但从历史因果论的角度来看,这很有可能是因为第一次世界大战之后的法国深刻地认识到了通过殖民地获取战争资源的重要性。从一个经济快速发展的殖民地获取长期资源远比榨干一个落后殖民地的资源更具效益。所以,随着所谓"殖民和平时代"的到来,法国的殖民统治方式明显发生了改变:法国政府开始执行"联合"政策。这种政策遏制了"开化精英"的政治诉求,获得了酋长的忠诚。

---

① 家乐福(Carrefour)集团公司,于1959年创立于法国,1963年第一家量贩店于法国开幕,1999年与普罗莫代斯(Promodes)合并为欧洲第一、世界第二大零售集团。

这在无形之中给包括吉布提在内的非洲国家带来了不少影响。殖民主义国家对殖民地的发展大大提高了殖民地的生产力,也改变了殖民地人们的生产方式,同时也让法国在非洲留下了深远的殖民烙印。时至今日,法国在非洲依然有着不可忽视的影响力,尤其是在语言、文化方面。

但是,"联合"政策将保守派的酋长作为社会变革的工具,这本身就具有矛盾性。于是在1921年,法国殖民部长萨罗①首次提出了"国家计划"这一概念,也称"萨罗计划"。这个计划包括在中南半岛、非洲等法国殖民地建设港口、公路、铁路等基础设施。他倡导开发殖民地资源,赞同联合当地精英进行当地的行政管理和资源开发,并为此开展了一系列改革。在萨罗的指导下,阿尔及利亚②摇身蜕变为法国的"出口产品的无情贩卖机",主要生产、出口大多数阿尔及利亚人并不喜欢喝的葡萄酒。这也有力地表明了殖民者对殖民地发展的关心仅仅是出于殖民者本身的利益,所有的发展本质上都要围绕着殖民者本身的利益来进行。

而当阿尔及利亚大规模制酒时,邻国突尼斯共和国的矿业开发也在有条不紊地进行着。随着法国在突尼斯的矿业开发,突尼斯的铁矿石产量很快就赶超了阿尔及利亚,再加上铅和锌,突尼斯很快成了世界上最重要的矿产供应地之一,但是这

---

①　阿尔贝特·萨罗(Albert-Pierre Sarraut,1872—1962年),法兰西第三共和国激进社会党政治家,以其开明的殖民政策而极负盛名,曾两次任总理。希特勒冒险进军莱茵兰就发生在他的任期内。

②　阿尔及利亚民主人民共和国,简称"阿尔及利亚"(阿拉伯语:al-Jazā'ir;法语:Algérie),是非洲北部马格里布的一个国家。北部濒临地中海,东邻利比亚、突尼斯,东南和南部分别与尼日尔、马里和毛里塔尼亚接壤,西部和摩洛哥相连。阿尔及利亚的国土面积居非洲各国、地中海各国和阿拉伯国家之冠,排全球第10位。

些矿产资源并没有带动突尼斯的工业化,反而全部落入了法国人的口袋。和吉布提不同的是,突尼斯并不直接受到法国内政部的管辖,宗主国法国外交部派来的驻扎官在作为"殖民中介"的同时也成了突尼斯的绝对统治者。但是,这并不代表这群驻扎官会为了殖民地人民尽心尽力,这群外交精英只是单方面地关心着法国的利益,将突尼斯的矿产打上法国的印记运往世界各地。20世纪20年代,殖民化的主要成就表现在达喀尔港①的改造和在尼日尔河②中部三角洲兴建的一项大规模的灌溉工程上。通过水利运输与港口的发展,殖民地的农产品,包括蜜枣、谷物、酒类和橄榄油等的生产与出口效率大大提高,同时农民也被卷入了生产和出口单一经济作物的市场机制,无论他们是被引导的,还是被强迫的,都已经被迫卷入了世界市场这个残酷的游戏之中。与此同时,在另一个保护国摩洛哥王国的卡萨布兰卡港③通过铁路把内地的铁矿石和磷酸盐源源不断地运往法国。至此,法国凭借着掠夺非洲殖民地的各种资源,积累了大量的财富。

殖民政策看似不出意外地成功了。围绕着殖民主义国家,

---

① 达喀尔港位于塞内加尔共和国(The Republic of Senegal)西部沿海戈雷(Goree)湾的西岸,是塞内加尔的最大港口,也是西非的最大海港。

② 非洲大河。源出几内亚富塔贾隆高原东南坡,曲折流向东北,在马里东部折向东南,再经尼日尔、贝宁、尼日利亚,注入几内亚湾。长4160千米,流域面积210万平方千米。(资料来源:《辞海》尼日尔河词条。)

③ 摩洛哥卡萨布兰卡港始建于1770年,19世纪末发展为海上贸易中心。它是全国经济及交通的中心,拥有全国约4/5的现代工业,工业产值约占全国总产值的2/3。主要工业有炼油、炼铁、化工、纺织、鱼类加工、水泥、烟草、汽车制造、橡胶、罐头及木材加工等。该港还是一个重要的渔港。铁路可通往国内主要城镇及产区。

在殖民地发展农业、矿业等基础产业,通过兴建港口、铁路来建立运输与进出口的殖民体系,这样的模式开始为殖民主义国家提供源源不断的资源与财富。然而这样美好的光景没有持续下去。1929 年,突如其来的世界经济危机令全世界都措手不及,殖民地作为世界市场的一部分自然也包括在内,它们被强行卷入资本主义危机,却并没有做好应对准备,这使得殖民地遭受到的打击远远超出想象。

但是对法国来说,这个时候的殖民地早就成为其国内经济发展不可或缺的一部分了。如果没有殖民地的经济支撑,葡萄酒将会断供,法国人就难以维持上流社会的贵族生活;而在国际上,法国也将失去其国际地位与国际影响力,失去与其他殖民主义国家竞争海外领地的能力,所以法国别无选择,必须想办法重振殖民地经济,来维持自己的地位。

在世界经济大萧条的背景下,为了法国的经济利益,一个我们熟悉的男人——萨罗在历史舞台上再次登场。这位法国殖民部长,在 1931 年再次提出"萨罗计划",即通过刺激与发展殖民地,复苏殖民地的经济,从而重新为法国提供资源与财富,维持法国的国际竞争力,使法国顺利渡过这一次经济危机。由于上一次"萨罗计划"的成功,以及世界经济大萧条问题的日益加重,法国议会果决地全票通过了两个有关殖民地的法律,为每个殖民地兴建一个公共工程项目,授权国家贷款的执行。通过公共工程项目拉动需求,创造价值,再用创造的价值补偿前期的贷款,法国在殖民地上演了一出"空手套白狼"的经典戏码,成功地将经济危机转嫁到殖民地。这样操作几乎没有任何风险,如果不成功,法国作为宗主国和债权国,不会因为殖民地的经济动荡而受到丝毫影响,但像吉布提这样的殖民小国却会因为开展项目得不到经济利益而雪上加霜。于是,就像一颗樱桃炸弹,资本游戏开始在非洲大陆扩散蔓延。资本家们又一次纷纷涌入非洲,干起了由法国政府出面担保的稳赚不赔的买卖,殖民地的财富再一次被殖民主义者搜刮干净。

实际上,这个举措大获成功了。这段时间创设的殖民地贷款在一定程度上狠狠刺激了非洲的经济(尤其是在非洲的私人投资),终于促使殖民地在 1934 年开始了一场缓慢却异常重大的经济复苏。这次经济复苏迟缓而稳定,甚至在殖民地看到了经济发展的曙光,法国也渐渐恢复了第一次世界大战中失去的元气。如果不是因为第二次世界大战的爆发,这场复苏会延续至今也不一定。而恰恰是第二次世界大战彻底激发了殖民地与殖民主义国家之间不可调和的矛盾,掀起了包括吉布提在内的所有非洲殖民地的独立潮流。

第二次世界大战对殖民地和法国都产生了天翻地覆的影响。正所谓"法兰西被逐出了法国",昔日的宗主国法国不得不重新审视他们曾经视为奴隶的非洲殖民地,改变长期以来的殖民策略,将其作为恢复元气、未来反攻的基地,以避免彻底灭国的命运。而对殖民地来说,这是历史给予他们的一个争取自身地位,让宗主国正视他们,让他们彻底走向国家独立的绝佳机会。

1943 年 6 月 3 日,法兰西民族解放委员会在阿尔及利亚成立,1944 年 6 月法兰西民族解放委员会成为法国临时政府。因此,吉布提和法国的关系变得微妙而有趣:在政治上,本时期堪称殖民地和宗主国的"蜜月期",殖民地的人们第一次拥有了自己效忠的法国政府,也第一次受到法国政府的重视,虽然事实证明法国政府只是把殖民地当作反攻的工具而已;在经济上,这是宗主国最依赖殖民地的时期,毕竟他们的本土遭受了入侵,只有依靠殖民地才能保存法国希望的火种。在这样一个二者关系看似友好且相对松缓的情况下,非洲殖民地的经济终于短暂地繁荣了一波,但这依然是殖民者为了积累战争资本,收复法国本土,假模假样寻找与殖民地之间罕有的"共赢"罢了。

即使在失去了本土的情况下,法国依然有能力积累战争资本。"战斗的法国"甚至在战争结束前继续凭借着从海外殖民地(特别是非洲大陆)攫取来的大把金钱和丰富的资源,不但还清了英国的全部贷款,还支持了本土的抵抗德国的战争。由此可见殖民地经济在法国经济中的重要性,殖民地经济成了法国维持国际地位与积累国家财富的重要手段,可以肯定地说,没有殖民地就没有法国巴黎的解放。

然而,即使为法国带来了不可估量的利益,殖民地依旧只是宗主国掠夺资源与财富,与其他殖民主义国家角力的牺牲品而已,殖民地永远不可能真正获得殖民主义国家平等的对待。1944 年 8 月 26 日,盟军在香榭丽舍大街举行盛大阅兵式来纪念巴黎解放。美国人却提出了一个苛刻的条件:如果戴高乐将军想让法国军人站在联合阅兵队伍的最前列,那么自由法国部队就不可以有黑人官兵的存在。然而在戴高乐将军所率领的自由法国部队中,几乎三分之二的军人都是从法国殖民地招募来的黑人军人,可以说没有殖民地军队的帮助,法军只是一支没有战斗力的"纸老虎"军队。殖民地军队中的黑人士兵为了法国付出了巨大牺牲,甚至奉献了自己的生命,却不能与法国军人享受同等的待遇,他们的付出在殖民者看来是不值一提的,甚至有辱法国门面,他们的存在让殖民者觉得羞耻。

这样的歧视不仅仅在战争结束之后才凸显,在战争中,殖民地军队就已经面临来自宗主国军队的歧视。在一部讲述法军殖民地兵团的电影《光荣岁月》中有这样一群不受待见的非裔士兵。相比于法军,这群非裔士兵不仅无法得到专业的训练,甚至连武器弹药和食物的供给也较为匮乏。因为精良的装备只会提供给法军,而他们仅仅是用来消耗敌人的人肉炮灰,甚至不被允许食用和法军一样的食物。这群来自殖民地的军人并没有被法军视为自己的同伴,而是被当作奴隶,甚至是牲口。但是即使面对不公平的对待与来自法军歧视的双重压力,他们也依旧冲锋陷阵,冒着比法国士兵更高的风险为法国作战,他们希望通过自己的勇猛善战换回法国人的尊重,最终获得独立。但即便如此,法军依然看不起这些非洲来的黑人士兵,他们觉得自己和黑人一起打仗非常丢脸。因此,法国士兵平时不和黑人士兵同吃同住,还会给他们安排后勤杂活,取笑、侮辱他们,让他们难堪。

这些黑人士兵,不远千里来法国作战,不仅要面临"自己人"不公正的对待,还要遭受敌人的"特殊待遇"。类似的情况在 2022 年播出的美剧——《狄金森》中也有提及,殖民地兵团在军队中常处于弱势地位。在战争中,如果是普通法军士兵被俘虏,可能还有机会活下来;而黑人士兵一旦被俘,就会由于纳粹种族主义政策,被直接以"劣等民族"的理由就地处决。一次,在与德军交战时,一群黑人士兵不幸被俘。当德军正要处决他们时,他们却毫不畏惧,高呼着"法国万岁,非洲黑人万岁!"。在那一刻,这一群"不起眼的、低人一等"的殖民地黑人士兵身上散发出来的勇气与信念让德军士兵大为震撼,一名法军官员讽刺德军"看菜下饭"的行为丢了自己国家的脸面,这才让这群黑人士兵摆脱被德军处决的风险,被送往集中营关押。其中一名叫列奥波尔德·桑戈尔的黑人士兵最后活了下来,在战后成了塞内加尔共和国①的开国总统。或许正是因为希望通过战争获得独立的坚定信念,他们才能在战争中斗志高昂、不畏牺牲,最终获得胜利。

这些来自非洲的黑人士兵在战场上英勇作战,冒着比普通法军士兵更高的生命风险,面临着敌军更加残酷的对待,前往他们从来没有到过的"祖国",去保卫他们素未谋面的"同胞"。他们参加的战斗数不胜数,表现也比法国士兵更为突出。无论作战环境如何险恶,无论面临的敌人是谁,他们永远保持高昂的斗志,仿佛他们参加的不是一场保卫欧洲的战争,而是一场保卫非洲的战争。

这种让人难以置信的捍卫自己宗主国利益行为的背后其实隐藏着许多原因。首先,开化精英的政策让受过欧洲文化教育的非洲人对宗主国有着狂热的崇拜感;其次,经济同化的政策让殖民地难以切断与宗主国的联系,被殖民者缺少民族与国家意识。种种复杂的原因造成了殖民地军团在战争中为了宗主国全力战斗。但是,这种付出从一开始就注定不会有相应的回报,殖民者令人如此心寒的态度彻底打破了被殖民者对宗主国的幻想。

虽然殖民地民众在战争中付出了巨大的牺牲,但是殖民委员勒内·普利文②仍然明确表示"不会考虑殖民地的独立问题",这让殖民地民众彻底看清了殖民主义国家的丑恶嘴脸,放弃了通过和平协商手段争取独立的想法。对殖民主义国家来

---

①　塞内加尔共和国(The Republic of Senegal),简称塞内加尔,位于非洲西部凸出部位的最西端,首都达喀尔。北接毛里塔尼亚,东邻马里,南接几内亚和几内亚比绍,西临佛得角群岛。

②　勒内·普利文(René Pleven,1901—1993 年),法国政治家,战时抵抗运动活动家,战后两次任法国总理(1950—1951 年、1951—1952 年)。

说,无论殖民地民众如何付出,都只是没有人权的工具,他们的付出都是理所应当且不值得被尊敬的。可是,法国人不得不正视这样一个事实:在法国本土作战的 40 万法军中约有 30 万是非洲的黑人士兵,他们的贡献已经不可忽视了,最终也正是这一群人真正解放了巴黎。同时,随着殖民地力量的日益壮大,法国本土自身实力的下降,殖民地开始渐渐脱离法国的控制。因此,法国不得不重新审视殖民地与自身的关系,自己是否依然有能力去控制这群殖民地士兵。

与此同时,一向如同一潭死水的殖民地表现出了强烈的独立愿望。他们原本想通过战争中的优异表现换取自身国家的独立,他们以为宗主国会对他们的贡献表示尊重,但是他们失望了。"二战"中,他们在经济与军事上为法国人做出了不可估量的贡献,既让他们正视了自己的实力,同时也让他们认清了宗主国的真实面孔:无论他们怎样付出,宗主国都不会承认他们的贡献,宗主国只会视而不见。他们必须通过新的手段才能让宗主国承认自己的独立地位。在胜利与自由的呼声之下,法国被迫重新考虑殖民政策,毕竟"二战"后法国本土实力大大削弱了,法国心里很清楚,如果所有的殖民地都以武力寻求独立,自己并没有能力应对,所以当务之急是安抚殖民地的情绪。

为了稳固法国在非洲地区的宗主国地位,1946 年法国在宪法里规定,法属索马里(独立于吉布提,改名为阿法斯和埃萨斯)。为法国的海外领土之一,由总督直接统治。法国人试图通过法律打消吉布提人民独立的想法,但是此时他们已经不能阻止吉布提人民追求独立了。接下来,从 1946 年一直持续到 1977 年,在长达 31 年的时间里,吉布提为了独立而不懈努力。各行各业的年轻人顽强抗争,不断加入吉布提独立的潮流中,积极争取着祖国的主权。

亚里士多德对荷马史诗《奥德赛》情节的概括并不长:"有一个人在外多年,因为只剩下他一个人了,所以有一位神总盯着他。他经历了不少变故,才落得如此境地:一些求婚者耗费他的家财,并且谋害他的儿子;他遭遇风暴却幸运地脱险还乡,他认出了那些伤害他的人,他开始亲自复仇,最终他的性命保全了,他的仇人也都死在了他手中。"《奥德赛》讲述的是,特洛伊战争后,英雄奥德修斯历险回归和诛杀求婚人的故事。奥德修斯忍辱负重,天不绝他,最终实现复仇。吉布提人民作为祖国独立史诗的绝对主角,在非洲《奥德赛》中也展现出奥德修斯这样坚韧不拔、敢于反抗的民族气魄。

在吉布提人民的不懈努力下,1957 年,吉布提取得了"半自治"地位。1967 年,吉布提改名为"法属阿法尔和伊萨领地",法国终于给予其实际上的自治地位。同时,联合国大会坚持要求法国对法属阿法尔和伊萨领地实行自决原则,几经周折和拖延,法国终于在 1975 年 12 月 31 日同意吉布提独立。1977 年 6 月 27 日,吉布提正式宣告独立,定国名为"吉布提共和国",通过选举成立了共和国政府,哈桑·古莱德·阿普蒂敦出任首任总统。在 100 多年漫长的殖民统治之后,吉布提终于摆脱了法国的奴役,重新获得了真正意义上的独立。

不过颇为有趣的是,在 1958 年,法属索马里就"加入新独立的索马里还是留在法国"这一议题举行全民公投,结果出人意料,绝大多数吉布提人依然选择留在法国。1967 年,法属索马里不死心,再一次就同一议题举行公投,结果大多数人仍然坚持之前的选择,继续留在法国。从这两次的公投结果不难看出,吉布提人已经受到法国政治、经济、文化等方面的深远影响,他们宁可继续受法国的控制,也不愿意加入索马里。直至21 世纪的今天,吉布提境内依旧留有法国殖民时期建成的酒庄。由此可见,法国的政治、经济、文化在短短 100 多年的时间里已经成为吉布提人民心中难以忽视的一部分。1975 年,已经改名的吉布提就独立问题再次举行公投,这一次大多数人最终选择了独立。虽然吉布提人受法国影响深远,但是每一个渴望自由的吉布提人一旦真正拥有了独立的机会,依然想要摆脱法国殖民者的控制,这使吉布提成为真正意义上独立自主的国家。

吉布提国民议会审议通过了共和国宪法,使吉布提在法律上不再受到法国的影响,拥有了自治的能力。该宪法规定:吉布提为不可分割的、独立的主权共和国。这是一个独立自主的国家对改变殖民历史的宣言,也为日后吉布提国家的发展奠定了法律基础。

从宪法上看,吉布提是一个典型的三权分立制国家。国民议会掌握了立法权,是吉布提共和国最高立法机构,主要负责审议和批准宪法及由政府提出的各类法案、国家预算,同外国签订协定、条约,监督政府工作。国民议会每年召开两次常会。议会下设常务委员会、财政委员会、社会事务委员会、公共工程委员会和内政委员会。由于吉布提是由伊萨族、阿法尔族、阿拉伯人组成的多民族国家,国民议会共有 65 名议员,其中伊萨族 33 名,阿法尔族 30 名,阿拉伯人 2 名,每届任期 5 年,领导机构每 2 年改选一次,改选时由议员中最年长者主持会议。在全体会议闭会期间,由议长领导下的常务委员会主持日常工作。

国家元首,即共和国总统,掌握行政权,负责制定和领导执行国家的总政策,任命总理和其他政府成员,派遣外交使节,商谈和批准国际条约和协定,主持部长会议,等等。用法权由法官独立行使,并由代表人民的审判员协助。

除此之外,宪法还规定,共和国总统将根据宪法确定的原则和目标制定组织法草案,以便在未来建立各种行政机关,进一步完善国家政治体制。

　　至此,吉布提在法国这艘殖民主义的船上历经了世界市场的发展变迁、第一次世界大战和第二次世界大战的波折与冒险后,终于迎来了独立。吉布提从被殖民到建立新政权的这场非洲《奥德赛》帷幕终于徐徐落下。

# 多国虎视眈眈

在非洲这片大陆上,吉布提属于欠发达国家,全国的失业率过半,在全球发展排名当中也较为落后。由于其位于亚丁湾的地理位置,这个贫瘠的国家却具有相当大的地缘政治利益。吉布提控制着连接红海和亚丁湾的唯一水道——苏伊士运河的出入,这是世界上最繁忙的航运路线之一。因为吉布提国内大部分地区干旱贫瘠,近 100 万人口依赖进口食品,所以港口是其收入和就业的主要来源。在过去的几十年中,吉布提充分利用其地理位置,通过一系列的政治、经济手段,在埃塞俄比亚、索马里以及厄立特里亚的地区冲突中一直扮演着举足轻重的角色,从而获得了一定的国际地位和发展空间。

谈到吉布提,大家普遍认为这是一个弹丸小国,但它却坐拥地理上至关重要的位置,连通着三大洲、两大洋,是世界各国都想分一杯羹的地方。同时它接近埃塞俄比亚,和也门、索马里一样位于红海和亚丁湾的交界处。如此优越的地理位置使大国们意识到,只要控制了吉布提,就可以通过地中海连通印度洋、大西洋,还可以进一步控制印度洋和大西洋的海上贸易。常年通过苏伊士运河进入波斯湾、阿拉伯海以及印度洋的货轮数不胜数,控制了吉布提,也就相当于控制了苏伊士运河以及众多世界港口。

其实,吉布提不仅是国际航运的重要枢纽,也是其他国家在非洲地区扩大军事、经济、政治影响力的垫脚石。正是由于吉布提处在亚、非、欧三个大陆交界处,优越的地理位置使它成了大国的"盘中餐"。

吉布提在漫漫独立路上已经是举步维艰,独立也不到百年,是一个根基不稳的国家。百年前,在发达国家的殖民统治之下,吉布提先天基础落后;百年后,因为其关键的地理位置,多国野心勃勃,使吉布提的强国之路布满了荆棘,长期的剥削和无法摆脱的命运使整个国家彻底陷入了任人宰割的境地。在吉布提建一个军事基地,是许多国家梦寐以求的事情。因此,吉布提与其他国家的关系就如同猎物和猎人,它一直受到各个国家的觊觎,大家总想在这里分一杯羹。

历史上的吉布提不是现在的处境,7—10世纪,它一直在阿拉伯苏丹①的统治之下。但是到了19世纪中期,阿法尔人和索马里的游牧民族逐渐摆脱了苏丹统治的影响。在世界一体化加剧的过程中,地中海地区到亚洲地区的道路却被西亚诸国所阻断,昂贵的过路费、关税以及漫长的陆路跋涉,对于亚非国家的经济都是有弊无利的,所以在那时,新航路的开辟是西欧国家最为迫切的事情。1859年苏伊士运河的开凿,顺应了全球化的发展。吉布提作为可以前往亚洲贸易的便捷通道,成了一个至关重要的贸易节点,吉布提的重要作用得以显现,但随之而来的却是多国的虎视眈眈。

苏伊士运河的开通更加方便了亚欧大陆两地的连通。19世纪80年代,吉布提凭借苏伊士运河的功能,开始扮演一个更为重要的角色。法国在吉布提建立军事基地本意是为了从吉布提出发,从而在非洲占有一席之地。因为吉布提在非洲的东

---

① 苏丹,位于非洲东北部、红海沿岸、撒哈拉沙漠东端,为非洲面积第三大国。

北角,从这里出发可以直接向非洲南部进军,进而在非洲大陆上拓展贸易和经济业务;而向东进军,可以直接进入印度洋和阿拉伯地区;向北则可以深入欧洲大陆。这时候在吉布提建立军事基地,无疑是想进一步扩张法国海外领土,由此更加激化了英国和法国之间的矛盾。

在1888年9月,英、法两国因为激烈的矛盾无法调和,于是在吉布提签订了边界条约,奥博克港落入法国手中。从此,法国来往于印度洋和红海的船只有了一个可靠的加油点,就是吉布提。法国也将奥博克港作为向索马里进军的基地。苏伊士运河开通后,往来的船只数量庞大。于是,为了保障法国船只在非洲东北部海域的安全,法国更加迫切需要在红海沿岸设立根据点,吉布提作为不二选择,由此成为法国在非洲可靠的战略支撑点。在此后大约1个世纪中,吉布提成了法国在印度洋、亚欧大陆以及中东、大西洋的一个十字路口,即使是今日,索马里地区对亚丁湾地区都有绝对的掌控权。吉布提以法国的殖民地的身份,在苏伊士运河的配合下,取得了举足轻重的地位。到1896年,法国将在这一带夺取的全部土地合并为法属索马里海岸。吉布提作为其中的一部分,成了该地区的中心。从那时起,吉布提的战略地位开始变得更为重要,虽然当时吉布提依然在法国的统治之下,但是法国从吉布提港口中的获利有目共睹,吉布提一下子就成了一块举世瞩目的宝地,各个国家纷纷开始觊觎。

与吉布提接壤的埃塞俄比亚,和法国在1897年也签订了条约,同时确定了法属索马里领地中的区域所占的领土面积。随后,埃塞俄比亚与吉布提之间的铁路通车,陆路运输的便利增强了吉布提和内陆非洲的贸易以及经济往来。随后,当局对吉布提铁路以及其基础设施进行修建,使吉布提现代化水平进一步提高。因为道路以及基础公共设施的修建,吉布提的经济发展迎来了光明前景,而当局依靠进一步扩建港口,获得了非常重要的经济收入,亚的斯亚贝巴——吉布提铁路的修建也使吉布提与非洲内陆地区的交易往来更加密切。吉布提基础建设日渐完善,交通条件越来越便利,由此带来的经济发展也在一定程度上促进了对外贸易,但是其被殖民国家的身份依然没有改变,吉布提还是殖民国家的盘中之食。

转折点发生在"二战"期间,全球政治势力的重新洗牌,使吉布提的独立进程迎来了前所未有的转机。1938年10月,意大利攻占法国时要求法国做出妥协,让吉布提成为自由港,并趁此机会控制了吉布提通往亚的斯亚贝巴的铁路。

20世纪30年代,虽然法国表面上仍有欧洲大陆上最强大的陆军,也是欧洲整体实力名列前茅的国家,但是面对法西斯国家的进一步侵略,以及德国的步步紧逼,法国无可奈何。虽然意大利的扩张以及其提出的领土方面的要求引起了法国民众强烈的反对,但是战场上的颓势让法国不得不对意大利这样"过分"的请求做出进一步的退让。在德国攻陷法国之后,英属索马里兰和意大利所属的厄立特里亚接壤的一些沙漠地区以及杜梅伊拉岛也落入了意大利的手中。同时,法属乍得北部的奥祖①地区也割让给了意大利,与意大利的利比亚地区进行了合并,这些地区在"二战"期间一起成为意大利的海外领土。

第一次世界大战和第二次世界大战加速了各国的独立进程。在第二次世界大战结束后,吉布提率先获得了法国"海外

---

①　奥祖,原为法军基地(1965年以前法国控制乍得北部)。因当地特达穆斯林牧民反抗恩贾梅纳的统治,1965年后政府长期驻军。

领地"的身份,该身份使吉布提拥有了更多的自决权。也是在
"二战"之后,世界上有很多像吉布提这样被殖民的小国家逐步
独立。虽然解放是吉布提走向独立的开始,但是风雨飘摇的新
生政权在世界经济发展不平衡及非洲国家长期被殖民统治的
大环境下,屡屡遭受各国打压。从建国初期一直到 21 世纪初,
吉布提巩固新生政权的努力屡遭挫折。吉布提的发展道阻且
长,不论是自然给予的资源支持,还是科技人才、教育基础等方
面的支撑,吉布提都非常缺乏。长期的殖民统治和世界大战的
整体环境,让吉布提这个国家磨炼出了难以想象的坚韧意志,
吉布提另辟蹊径,总结出了独特的发展智慧。

　　为了对抗冷战期间的苏联以及美国两大军事体,法国想要
成为继美国、苏联之后的世界第三大经济体,那就必须在海外
继续发展殖民地,打造属于自己的"法联"。而在那时能让法国
成为"法联"的一个必不可少的因素,就是吉布提优越的战略地
理位置。

　　1977 年 6 月 27 日,吉布提正式宣布独立,成立共和国,哈
桑·古莱德·阿普蒂敦担任总统。但根据独立条约,法国依然
有义务保护吉布提的安全。1958—1967 年,吉布提进行了两次
全民公投来选择是否独立,但是没想到在投票表决时,大多数
吉布提人依然选择让吉布提成为法属领地,并且继续受法国控
制,所以法国与吉布提在长达数十年间都保持着非常密切的联
系,并且直到今天,吉布提境内还有一支永久性的法国军事特
遣队。不知是由于法国对吉布提经济曾做出过的特殊的贡献,
又或者是出于自我保护的需要,吉布提始终无法摆脱法国的
控制。

　　一直以来,吉布提都是一个被大国包围着的没有自主权的
国家,即使民族独立之后,周边国家依然对其虎视眈眈。但是

一个民族想要强大起来,就必须实现真正意义上的独立,在独立的基础上才能与其他国家平等地开展合作,才能获得更为长久的发展。

自然对人民的生产条件至关重要,对人的发展和活动能力也有相当大的影响。地处热带的吉布提地理环境较为恶劣,炎热的天气使种植业不发达,除了"无用"的土地以外也没有其他矿产资源,国内的一切物资都要依靠进口。所以对吉布提而言,资源稀缺阻碍了本国实现自给自足的发展,只能在各国的夹缝中求生。作为法国殖民地的时候,法国会帮助吉布提出租土地换取对外贸易。但是法国在"二战"之后没有恢复到以往的经济实力,于是吉布提也随之在经济发展方面一筹莫展。

吉布提现任领导层倾向于与法国保持密切联系,所以法国在吉布提的军事特遣队一直是一个重要的存在,但近年来吉布提与美国的关系也越来越紧密。吉布提是撒哈拉以南非洲唯一拥有美国军事基地的国家,是全球反恐战争的前线国家。美国在吉布提军事基地的兵力是 4000 人,还有一支无人机部队;法国在吉布提的永久性军事基地的人数约为 1500 人;日本在吉布提拥有 12 公顷的军事基地,每年租金为 600 万美元,基地里有约 180 名自卫队员。[①] 吉布提作为一个地理位置特殊的国家,其地区和平稳定也有赖于多国的驻军。有了世界大国的海外基地,即使海盗来此出没,也不会造成很大的经济损失。

然而由于太多国家的军队驻扎在吉布提这个小国家,而各驻扎国军队都认为自己有义务维护吉布提和平、打击各种不和

① 《吉布提有啥魅力 吸引美法日纷纷设立军事基地?》,2015-12-2,http://www.xinhuanet.com/world/2015-12/02/c_128491819.htm2015-12-2,2024-06-29。

平力量,所以大家都处于备战的状态,很容易发生乌龙事件。

近些年,随着我国"一带一路"倡议在非洲地区的实施,中国在吉布提建立了保障基地,与其他国家不一样的是,我国的保障基地主要目标是打击海盗、保护世界商船、维护地区稳定,而非攫取私利。同时也便于我国执行一些紧急任务,比如特殊时期的撤侨行动。我国通过借助吉布提的保障基地进行撤侨,有利于在第一时间保护我国国民的安全。除了保障基地外,我国和吉布提之间还有庞大的对外贸易,帮助吉布提当地人脱贫致富。据了解,吉布提国民收入的20%都来源于此。

如今,我国的国际地位越来越高,我们的处境和百年前的列强割据状况大不相同。作为世界上最大的发展中国家,中国始终愿意扮演一个保卫者的角色,希望世界上的所有国家和地区都能得到平等的发展,所以我们力所能及地帮扶非洲国家。

从2008年起,中国海军就一直驻扎在索马里海域、亚丁湾等地区进行军事巡查,打击当地的海盗。随着中国与非洲的往来越来越频繁,我们越来越需要一个稳定的保障基地来满足对当地的保护和日常贸易的开展。当地的基地可以很好地协助我们打击海盗,同时提供军用物资,为中国往来的商船以及世界往来的商船提供便利和必要的保护。同时,保障基地还可以保证中国军队高效完成反恐、护航等任务,并提供后勤保障。中国秉持和平发展的原则,海外基地的建设将有利于促进吉布提当地政治、经济的发展,同时帮助世界各国在途经红海、地中海时免遭海盗的侵扰,这对全球贸易的发展以及地区局势的稳定起了保驾护航的作用。来自外部的压力和内部的不稳定非常不利于吉布提自身发展和国内安定。受到索马里以及地中海地区的不安定因素影响的吉布提一直期待抓住新机遇,让国家真正走向独立。所以在这一点上,中国的到来符合吉布提的国家利益。

　　一直以来,我国在非洲的活动受到不同程度的限制。但我国在与非洲国家的合作中,一直践行和平共处五项原则,才使非洲国家逐渐放下对我们的戒备心理。20 世纪 60 年代,坦桑尼亚和赞比亚作为新兴独立的国家,急需一条交通动脉振兴国内经济,但受制于国内发展水平和基建技术,无法独立完成。坦赞两国曾多次向西方国家寻求帮助,却屡遭拒绝。即使我国自身发展也面临重重困难,但依然伸出援手,我国领导人毅然决然地支持援建坦桑尼亚—赞比亚铁路。铁路于 20 世纪 70 年代通车,这是非洲大陆规模最大的援建工程之一,被称为中非"友谊之路"。赞比亚开国总统、南部非洲独立运动领导人卡翁达曾说:"坦赞铁路是我们与中国友谊和团结的纪念碑。"通过此次援建,我国向非洲展示了决心:中国会在非洲援建更多的基础设施,并不断地支持非洲国家的独立运动。中国在国际社会不断呼吁发达国家履行自己的义务,对第三世界国家提供援助。中国始终以平等的姿态对待非洲各国,力所能及地帮助非洲国家,赢得了非洲国家的广泛欢迎和一致好评。由于吉布提国内基础设施不完善,国土面积不大,国内交通的改善能让地区经济迅速获得发展,所以中国的帮助在短时间内就让吉布提看到了成果。

　　在很长一段时间内,中国一直处于半殖民地半封建社会时期,中国和非洲在历史上相似的经历使双方强烈反对殖民主义、霸权主义的对外扩张,且中国长期坚持构建人类命运共同体的目标,所以我们完全能够深刻感受非洲各国人民对于独立的迫切需要。中国在吉布提的保障基地不是为了侵略和扩张,而是因为世界上还存在动荡不安的地区,需要有能力、有担当的大国承担维护和平的义务,而且是不求回报地提供帮助。这也是我们从没有将自己视为一个优越者的原因,因为我们经历过、体会过,于是懂得尊重,懂得理解。

同样的历史遭遇使中非两地如此惺惺相惜。这种互相帮助、互相推动,也使中国外交事业在非洲这片大陆上撒下了收获的种子,获得了实质性的成功,同时也不断地推动非洲大陆解放的进程。与其他大国不同,中国在吉布提最大的投资项目并不是基地,而是对基础建设的援建。亚的斯亚贝巴—吉布提铁路由中国中铁和中国铁建等两家中国国有企业共同建造,全长750公里,于2018年1月开始运营,是非洲第一条完全跨境铁路。该铁路进一步增强了吉布提作为埃塞俄比亚贸易门户的作用,对吉布提和埃塞俄比亚来说简直是雪中送炭:这条铁路改变了两国的格局,在改善区域贸易和减少道路拥堵方面发挥了关键作用。埃塞俄比亚地处内陆,进出口严重依赖邻国吉布提的港口,以前大多数货物都是通过公路往来的。可是,物流效率低,加上运输基建落后,导致吉布提港口及公路频繁出现交通拥堵。亚的斯亚贝巴—吉布提铁路一通车,大大增加了每次运载的货物量,从吉布提到埃塞俄比亚首都亚的斯亚贝巴的行程也缩短至12个小时,而同一行程经公路至少需要3天时间。除了货运外,新铁路还为两国居民提供了更便利、更舒适的出行选择。这条铁路对于两国未来经济发展和民生幸福都有着重大的战略意义和指导作用,也受到两国人民的热烈欢迎。

中国和吉布提的贸易不仅推动了非洲国家的基础设施建设,也有利于我国的经济发展和能源安全。石油作为世界上最重要的能源,被誉为"黑色黄金"。近年来,世界各国为了获得稳定的石油供应链,都在积极寻找合适的石油采购点。一直以来,石油资源丰富的中东地区都是我国进口石油的主要来源地。但是,由于中东地区局势一直动荡不安,国家之间时常爆发政治军事冲突,导致石油供应和价格非常不稳定,迫使我们不得不寻找其他的石油供应渠道。而石油资源丰富、外交关系良好的非洲国家便成了我们最好的选择。如今,中国石油和中国石化已经进入了非洲的苏丹地区。与此同时,中国在非洲能源基础设施上投入了大量的资金,签署了多项与非洲国家进行庞大的石油和天然气合作的项目。总的来说,与非洲大陆展开能源方面的贸易,有利于中非双方各取所需,促进共同发展,具有非常强烈的政治和外交意义,同时也对"一带一路"建设起了重要支撑作用。

随着中国科技水平的突飞猛进,非洲与我国的贸易不会仅仅停留在传统商品上,也会向电子科技产品方面发展。这些年来,非洲国家对我国的电子和高科技产品产生了进一步的购买欲望。在过去的 5 年时间里,中非贸易额一直处于稳定增长中,这得益于中国与非洲国家近年来的良好关系。事实证明,中国在非洲所援建的铁路、公路以及中国人民与非洲人民的民间友好往来,为我们与非洲国家建立日益稳固的友好关系打下了良好的基础。特别是进入 21 世纪之后,中国与 40 多个非洲国家逐步建立起双边贸易关系,为中国企业赴非洲拓展市场奠定了良好的经济基础,非洲人民对中国商品的购买力也会有进一步的提高。

虽然多国对吉布提虎视眈眈,但是越来越多的国家秉持着和平发展的理念,在这条路上越走越远。发展中国家中的小国不该是任由大国欺凌的工具、对外贸易的手段,它们有自己的国家利益,理应制定符合本国国情的发展道路,所有国家都有权利以公平、和平的方式在地球上生存发展。曾经受列强摆布的非洲小国吉布提为许多还在被殖民的国家和地区走出了一条可供借鉴的道路,它基于国情历史,创造出了属于自己的独特发展模式。拥有相似历史背景的中国,也一直鼓励支持世界各国走符合自己国情的道路,并积极履行大国义务,给予吉布提这样的小国帮助,积极与之开展合作,这也为其他国家与非洲国家建立良好关系树立了国际典范。在全球化背景中,国家之间只有坚持和平共处五项原则,不断开展多领域、全方位、深层次的合作,世界才能越来越美好。

中篇

# 炽热的海滨之国

正如"吉布提"名字的来历那样,"吉布提"本义为"沸腾的蒸锅",恰好最生动地形容了这个全年最高气温可达 52℃的炽热之国。

吉布提共和国跻身于炎热半干旱气候的国家之列。除山区之外,很少有地区的气温低于 22℃。因为地处海岸地区,温差很小,湿度非常高,一年分为两个季节:凉爽的季节,从 11 月到次年 3 月(平均气温 27℃),东风带来一些降雨;炎热的季节,从 4 月到 10 月(平均气温 37℃)。4 月和 10 月是过渡的两个月,在此期间,风向反转,大大增加了湿度。内陆气候与海岸气候有显著差异,导致降雨情况极为不规则,年降水量每年变化很大。一般来说,吉布提很少下雨,而在戈达和马布拉斯地块上降雨频繁且丰富,有时甚至会出现雷暴现象。像吉布提这样的半沙漠国家,没有永久性的河道,只有地下水为人和牲畜提供水源,即使是稀少的降雨也被认为是上帝的祝福。

"石油通道上的哨兵"可谓是对吉布提市地理位置最好的形容。作为吉布提的首都,吉布提市有着不可替代的战略地理位置,但与此同时,它也是一座因整洁美丽和异域风情而闻名遐迩的城市。吉布提市建于 1886—1900 年,融合了非洲、中东和欧洲的建筑风格,它承载了该国几乎所有的政治、经济和行政活动,酒店、饭店、夜总会、超市或银行大多集中于此。在进一步了解吉布提的自然风光之前,让我们先来感受一下吉布提市的社会气息。吉布提市的东北部,有着繁华却不失整洁的商业街区;政府机关和住宅区主要位于城市的西部。当漫步在海滨大道时,你很难忽视夺人眼球的总统府:两名身着白色军装的士兵挺直了腰板,驻守在大门的两侧,士兵的身旁各有一门紫铜色的加农炮。"六二七"广场是吉布提市区著名的景点,是为了纪念吉布提国家独立而建造的。在位于吉布提市政厅大楼旁边的国家旅游局大楼内,还有一个展示各种手工艺品的柜台。马哈茂德哈比广场,原名兰波广场,那里的商品物美价廉,游客慕名而来,人山人海。市内街道宽敞干净、纵横交错,街道的命名也很有意思,不知是不是因为吉布提被殖民历史悠久,许多大街都以世界名城进行命名,如罗马大街、巴黎大街和莫斯科大街。吉布提城市繁华,街道上车辆川流不息,人群络绎不绝,但却很少听到汽车的鸣笛声和人群的嘈杂声。整座城市井然有序,街上也很少见到警察的身影。因为吉布提大部分民众都信奉伊斯兰教,清真寺也是城市必不可少的建筑之一。著名的汉堡特清真寺①,绝对是旅游打卡的好去处。

　　想要了解一座城市,就要走进它的夜市,夜市能够凸显一座城市的别样景致。夜晚,繁星闪烁,街灯亮起,人潮涌动,小摊小铺叫卖着从欢乐的人群中穿过,散布在道路的每个角落,让本不宽阔的道路显得更为狭窄。这繁华的大街,是整座城市中唯一闪烁着异彩的道路。摊主们用各具特色的口号吆喝着,时不时地和隔壁摊主调侃着路过的行人和在这条大街上发生过的趣事。霓虹灯闪烁,让这座城市的夜色更加张扬,食物的烟火气在姜黄色的灯光下流淌。经过了一天的忙碌,吉布提市

---

　　①　汉堡特清真寺的建造有助于发展吉布提共和国与伊斯兰国家的关系。

的居民开始寻找夜晚的乐趣,品味着这座城市夜间大街小巷的点点滴滴。人群簇拥,在这里,人们只能被人群挤着不自觉地前行,但是吉布提市的居民享受这种喧嚣感,他们热爱这种真实感,享受这种生活气息。

行走在人群中,你一定会被一种诱人的香气所吸引,那就是烤羊肉的气味。非洲的食材种类很少,羊肉却是随处可见的美食。相比中国,羊肉在非洲的价格十分便宜。当地人将羊肉制成各种各样的菜式:羊骨汤、羊肉汤、烤羊腿、烤羊肉串等。与中国不同的是,非洲的烤羊肉不会放很多调味料,总体来说原汁原味,十分正宗。如果看到路边的烤炉里有一只羊在翻滚中被炙烤,同时散发出迷人的香气,没有人会不想停下来品尝一番吧!在吉布提市的夜晚,整座城市一天的疲惫都被摊主们充满激情的叫卖声、街头艺人的音乐声和人群的欢笑声所替代,宁静的夜色也被热闹的气氛所吞噬。

根据地质学家的说法,阿萨尔湖和古贝特哈拉布(Goubet-Al-Kharab)所包围的地区属于阿法尔洼地。远方洼地、红海和狭窄的海湾亚丁湾共同形成了"未来的海洋"——厄立特里亚海。专家说,它有2500万年的历史,宽500公里,但在2亿年后,它无疑会像它的老大哥大西洋一样广阔。这种特殊的地质状况意味着吉布提仍然持续受到板块运动的影响,尽管强度很低,速度缓慢(平均每年移动2厘米)。吉布提国内地貌多样,地理情况错综复杂,较低海拔的火山和高原占据了大部分面积,到处生长着各式各样的仙人柱。其中,沙漠和火山占据了全国90%的区域,其余部分是低洼的平原和湖泊。

吉布提国界区域内,出露地层以新生界的发育最为显著,主要岩性为火山沉积岩、新生界火山岩和河湖沉积物。由于该区域受东非大裂谷活动的影响,大量的玄武岩、流纹岩喷发形成了高原。20 世纪 60 年代的遥感调查结果显示,该区域有索马里群流纹岩、达哈群拉斑玄武岩、似层状群流纹岩及塔朱拉群玄武岩、阿萨尔群玄武岩。新生界河湖沉积物主要分布于阿萨尔湖及周边的河道两侧。在庞大的地质构造格局上,吉布提是阿法尔海、红海、亚丁湾与东非大裂谷的交汇点,处在塔朱拉湾卡尔斯贝格海脊与阿萨勒裂谷之间的过渡地带,形成了一系列的北西向断裂。从已有的野外调查结果来分析,这些主要断裂多为正断层,能有效控制裂谷的发育。同时,研究区内发育的一些次要断裂,一般规模要小于主要断裂。

吉布提阿萨尔地区的火山活动主要分为裂隙喷发和线状喷发。初始喷发沿裂缝喷发,同时伴随着火山、地震、轰鸣声及液体岩浆流。阿尔都巴活火山曾于 1978 年喷发,喷发前由于地下岩浆的剧烈活动,在地表形成了较大的凸起。在古拜特湾①中存在多个火山岛,其火山口如同木星巨大的"眼睛"般清晰可见。

吉布提的南部地区以高原山地为主,其平均海拔大约是700 米。有"地球上最大的伤疤"之称的东非大裂谷横穿吉布提中部。穆萨阿里山是全国的最高点,海拔约为 2020 米,位于吉布提北部。穆萨阿里山地区主要属于热带沙漠气候,靠近内地的一小部分地区为热带草原气候,终年炎热少雨。和许多阿拉伯国家相似,骆驼是这一带最主要的交通工具。值得一提的是,穆萨阿里山自然风光独一无二,山高谷深,层峦叠嶂,素有"地质学活标本"之誉。这里有天然的国家动物园、荒凉但迷人的阿贝湖、古老的阿尔都巴火山、幽深的达依原始森林和壮观的朗达兴吉瓦莱瀑布等。

---

① 古拜特湾位于阿尔都巴火山周边。

除此之外,吉布提市北部还有两个坐当地快艇就可到达的小珊瑚岛——马斯卡林岛和沐沙岛。这两个岛屿周边的海域是神秘且美丽的:天气放晴的时候,太阳慵懒地绽放出橘红色的光亮,投射在平静无垠的海面上,像是给海面镀上了一层闪闪发光的碎银,海面也因此闪着亮光,海水和天空合为一体,目光所及之处都是海天一色的美景。这平静的海面蓝得醉人,蓝得纯净,像极了一匹无边无际的蓝色绸缎。两个岛屿都拥有白色的沙滩、清澈的海水和大片红树林,更难得的是它们至今人迹罕至、安静舒适,是吉布提乃至全非洲的度假胜地。洁白的沙滩上,奇形怪状的贝类和软体类动物慵懒地观察着这个世界。在这片沙滩上,一切都是松软湿润的、细腻而又变化不定的。从吉布提市乘快艇到沐沙岛只需要将近一个小时的时间,如果是在每年的 9 月到来年的 5 月,你可能会在途中看见清澈的红海海水,也能看到有渔民悠闲地靠在自己的小船上享受阳光的沐浴,等待海鱼上钩;如果细心一点的话,或许还能看到有人在海面下遨游;如果你看到有空无一人的船静静地停在海面上,不要感到奇怪,因为这正是潜水的好季节,船上的人说不定都跃入海中去和美丽的海鱼交朋友了呢!沐沙岛海底有各种美丽梦幻的海鱼,穿梭在五颜六色的珊瑚群中。仔细一点你就会发现,有的时候珊瑚与珊瑚之间会藏着一些害羞的海鱼宝宝,它们害羞的性子使得它们习惯于在珊瑚附近游来游去,等待喂食。尽管在气候适宜的时候会有很多潜水的游客,但是这些美丽的海鱼并不会被游客所惊扰,它们在海面下和游客相互追逐,丝毫不害怕游客的到来。

水面之下各式各样的珊瑚丛构成了一片珊瑚王国。这里的珊瑚形态各异、种类繁多,有着其他海域没有的特色珊瑚,据说就算是专家来了都未必能分清这些珊瑚的名称。海底美丽的珊瑚礁给这些害羞又调皮的海鱼提供了五彩缤纷的"藏身之地"。不管海岸上有多大的动静,海面之下永远呈现出一幅宁静祥和的画面,各种各样的海底生物都生活在温暖宜人的海水中,奇异可爱的鱼类、贝类在波浪的轻抚之下摇摆着身躯,各种各样的海底植物构成了壮观的海洋绿地,更有我们肉眼不可见的微生物在迅速繁殖。这充满生命力的画面毫无违和感地融入海底的宁静当中。如果有机会,一定要去珊瑚间潜水,和各种各样的海鱼亲密接触。洁白的沙滩上散落着许多带有吉布提特色花纹的贝壳,这是既有意义又不需要花一分钱的天然纪念品;红树林在海边随处可见,与蓝色的大海、白色的沙滩共同绘出油画一般的风景。沐沙岛由于其天然独特的自然风光,无疑是当地居民周末休闲度假的不二选择,也是外来游客来吉布提旅游时必去的旅游胜地。

在吉布提,还有一个不可忽视的自然景观:一个方圆 80 多平方公里,位于海平面以下 100 多米处的洼地,比我国吐鲁番的艾丁湖①还要低的火山湖。它是非洲大陆的最低点,有着世界上最咸的水体,它就是位于非洲东北部的阿萨尔湖,是吉布提的"盐湖仙境",也是"全球奇观之一",每年吸引了无数来自世界各地的地质学家、火山学家和旅游者。阿萨尔湖是一个典型的火山湖,由许多小火山组成,不同于碧绿色的传统湖泊,它是荒野中特别的白色世界,是大自然赐予吉布提的一面巨大宝镜。在这片梦幻的世界中,你可以获得全身心的放松,去品味这"梦幻般的湖"耐人寻味的风光。远观阿萨尔湖时,可以看到一条闪耀着光芒的蓝白色项链;靠近时,这条蓝白色项链则会

---

① 艾丁湖位于吐鲁番市以南 50 公里处的恰特卡勒乡境内。艾丁湖低于海平面 154 米,是中国海拔最低的地方,是一个内陆咸水湖。

显现出温柔明亮的姿态。阳光照耀在这蓝色的湖面上，湖面反射阳光，光芒变蓝了；阳光穿过朦胧的湖雾，雾变蓝了；微风穿过引人入胜的薄雾，风也变蓝了。碧绿如翡翠的广阔盐湖与洁净如洗的白色盐田，两者交相辉映，阿萨尔湖不愧是吉布提值得一看的自然景观。

独特的自然环境造就湖边的自然景观十分有趣。东西两侧高耸着喷云吐雾的火山，遍地都是温泉。紧挨着湖边的是由石膏凝成的环状高埂。达纳基尔沙漠①包围着这些环状高埂，沙漠边缘的民居样式非常简单，在椰树下搭帐篷十分常见。湖水的颜色也会随着一天中时间的推移而变化，有时会出现荧光色，而在中午，湖面有时看起来是不同寻常的翡翠色，这种令人赏心悦目的翡翠色和银色的海岸交相辉映。凡是到过那里的人都会由衷地赞叹那里的自然风光。

乍一看，吉布提的盐湖是一片壮丽的海蓝宝石般的水域，周围环绕着炫目的白沙。站在湖边山岗上的人们，见不到一棵草、一丛树、一朵花，甚至见不到任何活跃的小动物，目光所及的只有那在烈日炎炎之下闪闪发光的天然盐层，宛若一片银色的世界。它也很容易被误认为是加勒比海的海滩。然而，这一切都是一个假象。构成广阔平原的并不是沙子，而是盐。光着脚走在结晶盐地，会让人感到硌脚，疼痛难忍。靠近湖边时，猛烈的风吹过平原，盐粒会毫不留情地打到你的皮肤上。即使是温暖的湖水，也蕴含着一种奇异、黏稠的特质，会在皮肤上留下一层油性质地的盐膜。其实，阿萨尔湖的盐和寻常的食用盐并不一样，阿萨尔湖的盐除了可以食用之外，还有其他作用。因

---

　　①　达纳基尔沙漠位于东非。达纳基尔沙漠以猛烈的火山、炎热的天气、有毒气体以及硫磺湖泊而著称。这些特色让达纳基尔沙漠成了地球上"最残酷的世界"。

为这里的盐有较强的吸附阳光的能力,所以表面温度常年维持在 45℃ 左右,这样的温度既不会灼伤皮肤,又可以帮助人体皮肤深入吸收这种热量,热量达到皮肤内部后,能够驱赶寒气,恰好可以起到盐疗的作用。对患有皮肤病或者风湿病的人们来说,这里是个理想的治疗地。来到阿萨尔湖,一定要体验的就是与驮着"白金"的骆驼同行,重走古老的盐贸易路线。在骆驼的陪伴下,沿着拥有千年历史的游牧小径,在壮丽环境中跋涉,淡绿的湖泊、洁白的盐、碧蓝的天空交织在一起,你会看到一片田园诗般的风景。

除了阿萨尔湖本身的风光之外,其周边的火山群也是一大特色。吉布提的火山由一系列封闭的盆地、广阔的塌陷平原组成,周围环绕着高原和玄武岩链。在东非大裂谷的末端,有着举世闻名的特色火山群,其中最为出名的就是阿尔都巴火山[①]。1978 年阿尔都巴火山爆发,那是该火山时隔 3000 年后的第一次喷发,它喷发的壮景令无数人印象深刻。数股沸腾的火山岩浆柱同时从火山口迸发出来,朝着不同方向流淌,绵延至 1 公里外,足足流淌了一周才结束。烟灰的垂直排放高度达 300 米,最终形成了一个宽 30 米、高 100 米的火山口。火山喷发的岩浆在喷出地面后会遇冷凝结成坚硬的物质,大面积的火山喷发造成的熔岩和灰尘堆积,增加了地表的厚度;山脚下形成了许多黑色的火山锥群,每个火山锥群里都分布着大小高度不一的火山锥。根据当年的记录,火山灰和火山气体喷射到高空中后遮住了部分阳光,导致该区域气温骤降;同时,这些火山物质还会过滤掉某些波长的光线,灰暗的天空使得太阳和月亮看起来就像蒙上了一层薄纱,泛着奇异的光彩,这种奇特的自然景

---

①　阿尔都巴火山距吉布提市 100 公里,于 1978 年因为地震而爆发。

观在火山喷发后的日出和日落时尤为明显。对当地人有利的是,火山喷发产生的火山灰起到了孕育植物、供养万物的作用。火山爆发给农田盖上了接近 20 厘米厚的火山灰,这对农民来说可谓喜从天降,因为这些火山灰就是天然的优质农作物肥料,其中富含大量农作物生长所需的养分,能使土地更肥沃。据说,当年火山喷发后,火山岩浆所流淌过的区域形成了各种各样的金属矿,如铜镍矿等。走到阿尔都巴火山脚下,当年火山喷发的壮景仿佛就在昨日,即使是远远地观望,也会被其雄伟的身姿所折服。

阿萨尔湖总体上呈椭圆形,长约 19 公里,宽约 6.5 公里。湖的内部由两个部分组成:一个为 68 平方公里的"结晶盐面"区域,另一个为 54 平方公里的高盐卤水区域。结晶盐区所能延伸到的深度超过 60 米,所蕴含的资源量约为 3 亿吨;液体盐水面积为 54 平方公里,最深处有 40 米,平均深度为 7.4 米,这意味着湖水的体积为 4 亿立方米,盐储量高达 8 亿立方米。法国地质学家研究了该湖的地质历史,并将其与东非大裂谷北端的达纳基尔湖的地质进行了比较。这项对比研究的结果表明,该湖泊最初含有淡水,并且覆盖在 15 米厚的凝灰岩、泥灰岩和钙质地幔上。在目前的地层水平上,泥灰岩的形成表明了几个世纪以来该湖逐渐向咸水湖转变,这可能是由于潟湖或海洋水的侵入。硅藻土和石膏残留在盐碱带之上,这些随着时间的沉淀逐渐转化为石膏层、岩盐层,并且一直延伸到湖面。

吉布提终年炎热干燥,较高的地表温度和含水量极低的空气导致湖水蒸发迅速,这也极大地加速了阿萨尔湖的盐分积累。该湖位于炎热的沙漠中,它的水位一直在下降。该区域的夏季温度高达 52℃,冬季气温也不低,平均气温约为 34℃。在常年高温、干湿季分明、湿季短暂的情况之下,阿萨尔湖的周边容易析出雪白的盐晶体。在吉布提的东部,塔朱拉湾连接了阿萨尔湖和印度洋,源源不断地将高盐分的海水通过松软的岩石层输送进阿萨尔湖,正是这一不动声色的补给,使湖水永不干涸。除此之外,阿萨尔湖地处沙漠之中,由于气候原因,该地区降水本就稀少,再加上周边无时令河,没有足够的淡水河流注入该湖泊,导致阿萨尔湖缺乏淡水的稀释,这进一步加剧了盐分的积累。地形和气候这两者的共同作用成就了世界上含盐度最高的湖泊——阿萨尔湖。

吉布提境内大部分地区都被沙漠占据,沙漠在全域的占比高达 90%。在这个自然资源极度匮乏的国度,能有像阿萨尔湖这样的天然大盐田,这是上天对吉布提人民的恩赐,因此阿萨尔湖在当地人心中就是"聚宝盆"一样的存在。如今,盐毋庸置疑成了吉布提最主要的自然资源之一,也是吉布提最主要的出口物资之一。

驮盐的驼队在炎热的阳光下缓缓走过阿萨尔湖畔,这是阿萨尔湖的标志性场景。数百年来,当地人产盐效率低下,吉布提基础设施落后、人才和技术缺乏、就业岗位稀缺等,导致"聚宝盆"中的银白色宝贝鲜有人问津,这一天然宝库没有像吉布提人预期的那样转化为造福人民的经济效益,吉布提盐产业的发展也多次受到经济危机的影响。近几年来,在中国的帮助下,吉布提盐产业终于迎来了新的发展,属于吉布提的一幅美丽蓝图正在描绘。

自 2015 年起,在吉布提国内一系列政策的扶持下,沉睡的阿萨尔湖逐渐苏醒。一系列产盐专用设施在阿萨尔湖边建成:塔朱拉湾沿岸成功建成了一个现代化的盐业出口专用码头,这是吉布提的主要港口之一。连接码头和盐湖的公路和一系列相关配套设施也完善了盐业开发的产业链,将会大大帮助吉布提将显著的资源优势转换为经济优势。然而一切没有想象中那么顺畅,盐湖道路工地中国负责人介绍说:"当地每年都会发生好几次沙尘暴,持续数月的大风天给施工带来了巨大困难。"地处沙漠的吉布提时常会遭到沙尘暴的侵袭,沙尘暴严重时会埋没基础设施和住宅房屋,对当地人民的正常生产生活造成严重的影响,也会影响产盐基础设施和盐产业链的正常运行。2014年一场罕见的飓风,摧毁了当时工地的一大半设施,使得工程不得不从头开始。但是恶劣的自然环境并没有阻挡中吉双方工程人员推进吉布提盐产业的工业化进程,因为他们的目标不仅仅是盐产业的发展,更是实现阿萨尔湖的综合开发,为当地人民谋福祉。2015年底,吉布提—阿萨尔湖产业工业园区主体建成,盐业出口码头和公路等基础设施逐渐投入使用。相较于数百年前,当地人民的手工劳动产盐基本成为历史,生产效率和运输效率大大提高。由于中国的投资和协助建设,吉布提—阿萨尔湖产业工业园区的名声打响了,吉布提的销售市场扩大了,经济贸易往来不再仅限于周边国家了。据中国交通建设吉布提盐业投资公司财务总监所说,吉布提优质丰富的盐业资源吸引了中国多家盐业开发企业的关注。山东海王化工企业已经和吉布提达成合作,承诺将会投资助力阿萨尔湖各类资源的综合开发。海王化工企业负责人说:"吉布提的发展是指日可待的,我们可以利用国内的先进技术,结合吉方资源和人力,走出一条中吉共赢之路。"

　　吉布提是中国与东非合作的大本营,中国与吉布提不畏纷繁复杂的环境,坚定地开展了全方位、深层次、多领域的合作。中国的到来让交通不便利、经济基础薄弱的吉布提看到了新的希望,并更好地挖掘自己的潜力,实现自身可持续发展;与此同时,吉布提也愿意给中国提供所需帮助。中国建设团队为吉布提民众带来了资源开发和经济发展的希望,这充分展示了中国与吉布提友好互助的决心,在两国的友好合作史上奠定了未来发展的基础,也铸就了中吉合作里程碑。

吉布提盐产业扩张,产业水平提高,扩大贸易范围的同时,阿萨尔湖周边的旅游业也随之繁荣兴盛。阿萨尔湖以及吉布提知名度的提高使全球各地的游客开始探索阿萨尔湖这一得天独厚的"旅游仙境"。在吉布提,"天然仙境"阿萨尔湖的存在使旅游业成为吉布提仅次于港口的第二大外汇来源。阿萨尔湖是吉布提这个"沸腾的蒸锅"中美妙的"冰雪世界"。它是多姿多彩的,除了一望无际的碧绿的湖水外,近岸的地方由于湖水较浅,蒸发迅速,盐层的结晶在湖水的辉映下显示出了淡淡的粉绿色,靠近周边黑色休眠火山的地方又因为火山灰的缘故变成了灰蓝色。阿萨尔湖游步道沿线有许多用盐结晶体雕刻艺术品的手工艺人,反映出旅游业带来巨大客流量的同时,也促进了手工艺人的诞生和手工业的发展。旅游业的发展能提振当地经济,促进各产业增值增效。除此之外,盐湖观光旅游业的发展也能推动当地文化的传播。五湖四海的游客在带来各种异域文化的同时,也能增进全世界对吉布提当地独特人文历史等的了解。徐万旭①认为除了工业化的发展,阿萨尔湖旅游业的发展能助力盐湖地区形成综合旅游区,而旅游资源的开发又能为当地人创造就业机会,能助力手工业的兴起与发展,进一步解决吉布提人民生产生活难题。在一定程度上,旅游业为整个国家经济和文化发展带来了机遇。

实现了将阿萨尔湖天然的资源优势转化为后天的经济优势之后,吉布提政府又着手解决困扰当地居民多年的问题:饮

---

① 徐万旭,参与吉布提盐产业建设的中国人之一。

水问题。政府加大对饮用水方面的投资,积极从中国引进先进的滤水净水技术,解决了吉布提人民数百年来的"喝水难"问题。在中吉双方的通力合作之下,吉布提人民的生活水平得到了显著提升,生活环境和条件也大有改观。在一次采访中,盖桑①对记者做出胜利的手势说:"村里人都感到非常开心。吉布提与中国的合作加油!非洲与中国的合作加油!"

自 1979 年以来,在中国团队的协助下,中吉双方精诚合作,将吉布提宝贵的自然资源通过旅游业、工业、手工业等多种产业形式转换为当地人民的财富。阿萨尔湖盐资源综合开发项目的实施,极大地促进了吉布提盐产业的综合发展。而盐产业工业园区的建设也在很大程度上改善了吉布提的工业结构,提高了吉布提的工业化水平,给吉布提未来的工业发展带来了先进的技术和管理经验;销售市场的扩大,同时促进了各种产业的发展。从社会角度来看,吉布提尤其是阿萨尔湖周边多产业的综合协同发展创造了许许多多的就业岗位,有效地降低了失业率,增加了当地居民的收入,也将吉布提原本落后的社会生产力提升到了世界平均水平。从全球范围来说,中吉合作有效提高了吉布提原本不平衡、不充分的发展状况,是推动经济全球化朝着开放、平衡、包容、普惠、共赢的方向发展的重要一步。

为了到 2030 年吸引 50 万名游客,吉布提针对旅游业制订了一些雄心勃勃的目标。在政府经济发展战略"2035 年愿景"中,旅游业将发挥关键作用,该战略旨在通过发展旅游业,为创造就业机会和赚取外汇提供动力,以配合更广泛的经济多元化。虽然有许多全球闻名的景点,如红海沿岸的沙滩、盐湖、火

---

① 　盖桑,吉布提在中国的留学生之一,留学后回到吉布提。

山场和受欢迎的水下潜水点,然而,根据世界银行于 2014 年 3 月发布的《吉布提共和国国家伙伴战略》报告,该国仅开发了 10％ 的旅游潜力。当地旅游业的不发达主要是由于三个原因:一是大型旅游客源市场的门票价格过高,这是国际连通性有限导致的结果;二是地区不稳定引发的恐慌;三是由于经济落后,各大旅游场所缺乏必要的基础设施。由此可见,吉布提这个小国在旅游业方面确实还有很大的发展空间。

然而,尽管存在这些挑战,吉布提游客数量仍然在稳步增长,即使游客绝对数字仍然相对较小。20 年前,吉布提国际游客数量微不足道,每年不到 2000 人,但根据世界银行和吉布提国家旅游局的数据,2014 年吉布提的国际游客数量猛增 35 倍,达到近 73000 人。虽然游客数量从 2009 年的 58425 人下降到 2010 年的 51410 人,但随后 2011 年又恢复到 56550 人。2012 年增长更快,游客数量达到 60230 人。

正如吉布提"2035 年愿景"所述,除贸易以外的经济多元化将在很大程度上依赖于该国可持续发展旅游业的能力。尽管伊斯梅尔·奥马尔·盖莱政府在促进基础设施投资方面取得了一些成功,这是促进旅游业的关键,但该国在改善国际连通性和国内可达性方面仍有很长的路要走。吉布提想要成为顶级旅游者的目的地还需要更多强有力的措施。

2018 年 4 月,吉布提市成为第一个被欧洲旅游与贸易委员会命名为世界文化和旅游之都的非洲大都市,这使该国开始成为国际媒体关注的旅游目的地。从那时起,政府就一直积极搭建发展框架,将旅游业定位为未来经济增长的关键支柱。根据吉布提"2035 年愿景",政府的目标是采用新的增长模式,每年稳定吸引 50 万名游客。根据总部位于伦敦的市场情报公司欧睿国际(Euromonitor International)的估计,该行业在 2035

年对吉布提 GDP 的贡献率可以从目前的 2% 提高到 10% 以上,从而发挥重要的提振经济作用,且能够为社会提供约 30000 个直接就业岗位。旅游业的发展将对本国建筑、消费品和农业等其他部门产生积极的连锁反应。

吉布提一直在寻求投资,并努力向外国旅游公司宣传其独特的旅游产品。2018 年 5 月,吉布提国家旅游局为 4 家法国主要旅行社组织了一次活动,以展示吉布提的景点,并鼓励它们将吉布提纳入其旅游目的地中。吉布提还拥有原始且几乎未受破坏的水下生态系统。为此,吉布提国家旅游局还于 2016 年与法国水下运动与研究联合会签署协议,在吉布提发展深海潜水,并向法国潜水员推广其珊瑚礁。

除了寻求发达国家的旅游资源,吉布提也越来越多地开发其邻国市场。由于埃塞俄比亚是内陆国家,吉布提的海滩、海洋等海边旅游景点在埃塞俄比亚有广阔的市场,因此吉布提国家旅游局还与埃塞俄比亚的旅行社和官员合作。2017 年 12 月,吉布提和埃塞俄比亚发起了一个旨在整合两国旅游市场的企业对企业论坛。虽然这有助于打开埃塞俄比亚旅游市场,但旅游成本仍然是双方合作的一个障碍。好在从亚的斯亚贝巴到吉布提市的新铁路线于 2018 年 1 月开通,吉布提可以通过铁路吸引埃塞俄比亚人到本国旅游休闲,因此吉布提也被称为"埃塞俄比亚的海滩"。

在国内旅游方面,2017 年 1 月,政府为公共部门工作人员推出了为期两天的周末旅游计划(周五和周六),为许多吉布提人提供了更多时间探索自己国家的旅游宝地。尽管如此,吉布提本国游客和国际游客数量增长仍然迟缓,因为许多景点无法通过价格便宜的铁路直接到达,只能通过越野车辆进入,旅游成本仍然高得令人望而却步。

尽管吉布提长期以来一直是旅游冒险者梦寐以求的目的地,但国际旅游界直到最近才意识到该国巨大的市场潜力。吉布提近年来获得的国际认可源于该国独特的自然景观和完美无瑕的海景。事实上,该国拥有高度集中的潜在的联合国教科文组织世界遗产地。吉布提有 10 个遗址被列入联合国教科文组织的暂定名录,在不久的将来极有可能成为世界遗产。

政府对旅游业未来的态度基于可持续发展的愿景,并推出一项独特旅游服务:游客享有与鲸鲨一起游泳的机会。鲸鲨从 10 月到来年 2 月迁徙到塔朱拉湾。为了推广这一细分市场,同时为了保护国家水域,2015 年 12 月由吉布提国家旅游局、环境部以及包括酒店、旅行社在内的一些公共和私人旅游参与者联合创设了鲸鲨节,为游客提供了在安全环境下与鲸鲨一起游泳的机会。

其他值得注意的政策包括政府将旅游业列为优先发展行业,给予从吉布提国有经济发展基金获得有利融资的资格,以鼓励私营企业参与旅游业的可持续发展。现有的酒店运营商可以向吉布提国有经济发展基金申请融资,以实施环境可持续的解决方案。吉布提国有经济发展基金为企业提供 350 万至 5000 万美元的贷款,利率低于 6%,具体取决于项目。值得注意的是,吉布提正积极响应联合国生态系统恢复十年行动计划,恢复退化的生态系统,特别是易受气候变化影响的沿海地区,并加强这些地区的复原力。该计划旨在减少自然资源的消耗并培训当地社区居民的环保意识,使渔业、农业和旅游业可持续发展,特别是在红树林地区。该项目获得了最不发达国家基金下的全球环境基金和其他合作伙伴的资助。

"吉布提的生态旅游应该旨在改善当地居民的福祉以及长期保护环境,"当地一个旅行社老板说,"为实现这一目标,必须建立对环境、社会和经济影响最小的旅游形式,与可持续目标保持一致。"

尽管吉布提拥有丰富的自然美景,但绝大多数来吉布提的游客并非出于休闲目的。2016 年,据吉布提国家旅游局统计,98％的访客是出于经商目的来到吉布提的,还有不少是来从事外国军事基地的维护和运营工作的,这些游客很少离开首都,更不要说去探索自然景点。这与吉布提"2035 年愿景"发展休闲旅游业的初衷背道而驰。

尽管吉布提商务旅行的力量相对较大,但国际会议和会展行业在很大程度上仍然不发达,近年来该领域的活动有所增加。2018 年 5 月,吉布提举行了自 2014 年以来从未举行过的全国旅游会议,该活动侧重于可持续旅游业的发展,并为行业相关者举办了各种研讨会,包括融资和人员培训。此外,由吉布提商会组织的第二届吉布提年度国际贸易展览会于 2018 年12 月举行,该活动旨在加大旅游业宣传力度,吸引外国投资。在 2017 年的首届展会上,约有 200 家公司举办了展览,其中包括来自 20 个国家的 55 家外国企业,共有 11200 名参观者参加了展会。2023 年 12 月 3 日至 10 日,吉布提商会在首都吉布提市举办吉布提第三届国际商贸展览会。活动期间,主办方开展主题日、港口和自贸区等战略资源参观等系列活动,并为各参展方提供展台和商务洽谈等服务。

交通方式目前是吉布提旅游业面临的最紧迫的问题。大多数旅游基础设施都建在吉布提市,但对游客吸引力最大的景点却集中在内陆地区。虽然政府自 2010 年以来已将国家公路网从 700 公里扩大到 1100 公里,但许多知名旅游景点依然只能通过越野车进入。然而,一味开发这些"人迹罕至"的景点也不是正确的发展路径。"旅游景点开发程度越高,景点交通就越便利。但是,开发程度过高也会使自然景点失去对某些类型游客的吸引力,"当地企业 Rushing Water Adventures(该企业专门提供各种带导游的浮潜和皮划艇等智能旅行设备)总干事肯格拉达尔说,"吉布提有不少景点的吸引力就在于它们不走寻常路。吉布提需要考虑其旅游受众群体才能制定合理的营销策略,究竟是想要吸引探险者还是大众群体。"

在航空方面,虽然政府正在寻找新的航空公司和航线,但在非洲以外直飞吉布提的航班主要来自阿联酋、土耳其和法国。因此,缺乏国际联系仍然是制约吉布提国际旅游业发展的因素。

然而,当局通过简化签证程序提高了入境便利性。吉布提电子签证平台于 2018 年 2 月首次推出,并于当年 5 月正式取代落地签证系统。电子签证可供以旅游或商业为目的访问吉布提的国际旅行者使用,并且可以在线提交申请,72 小时内即可审批通过。电子签证平台由吉布提与国际移民组织合作开发,并由德国联邦经济合作与发展部和欧盟的移民管理计划提供资金。除了简化旅行者的入境手续之外,电子签证还提高了签证处理的安全性。在实施电子签证后,《欧洲旅游杂志》将吉布提列为签证开放程度第二高的非洲国家。

近年来,吉布提在基础设施建设方面的外国直接投资显著增长。值得注意的是,有两个国际机场已建设完成:位于吉布提市东南 25 公里处的阿里萨比耶的古莱德国际机场,每年可接待 150 万名乘客;位于该国北部七兄弟群岛的艾哈迈德迪尼·艾哈迈德国际机场,年客运量达到 76.7 万人次。前者于 2018 年完工,后者的一期工程于 2016 年完工,两者都于 2019 年底开始投入使用。两个项目由中国土木工程建设集团公司承包,耗资 5.99 亿美元。

截至 2017 年 12 月,吉布提共有 32 家酒店,客房总容量约为 1200 间,床位超过 1800 张。由阿联酋酒店集团艾拉酒店开发的拥有 220 间客房的艾拉吉布提度假村于 2019 年下半年开业。另外,埃塞俄比亚的"波士顿合作伙伴计划"于 2018 年在沐沙岛上开设了拥有 54 间客房的 Kuriftu 度假村。这些项目的完工大大增加了住宿的供应。

2014 年 12 月,吉布提政府与总部位于上海的私人投资公司上海达之路控股集团有限公司签署了一份谅解备忘录,将在拉斯西扬岛和七兄弟群岛上建设一个豪华度假村。该备忘录还包括投资奥博克造船厂的基础设施建设,以及一些购物中心、医院和港口。

随着旅游设施的进一步扩建,吉布提的酒店业和旅游业面临着该行业熟练劳动力的短缺问题。吉布提国家旅游局、国民教育和职业培训部建立了阿尔塔酒店业和旅游业培训中心,于 2018 年 1 月开业。在此之前,唯一的旅游和酒店行业培训机构是阿尔塔地区的酒店和餐饮高中。酒店业和旅游业培训中心包括酒店住宿、会议设施和餐厅,可提供一系列行业领域的在职培训,旨在改善旅游业的就业情况,提高从业者收入,减少当地贫困人口。虽然这些措施是为旅游业配备熟练劳动力的良好开端,但仍需要做更多工作来满足不断增长的旅游需求。

吉布提这一非洲国家,名声不大,也在奋力发展,历经数十年,终于在盐产业和旅游业方面取得了不小的成就。在盐产业方面,铁路、公路、码头等基础设施的建设帮助吉布提发掘了一条新的经济发展道路。吉布提人打开了阿萨尔湖这一沉寂的"聚宝盆",并将盐产业做大做强。繁华而又有序的吉布提市,是吉布提近年来政治、经济、文化进步的集中体现,它集观光餐饮、购物娱乐、历史陈列等服务功能于一身,成了吉布提旅游热点之一。作为吉布提的别致小岛,沐沙岛有着美丽的海景和多样的趣味活动。雄伟的阿尔都巴火山会让游客为之折服。吉布提的旅游景点各具特色,吸引着世界各地人民的眼球,从蔚蓝的天空到碧绿与雪白交替的阿萨尔湖,从雄伟的火山到洁白的沙滩,吉布提描绘出了一幅"大珠小珠落玉盘"的如梦画卷。现在的吉布提,经济发展和旅游双丰收,"炽热的海滨之国"不再仅仅是气候上的"炽热",也是人气和知名度上的"炽热"。盐产业和特色旅游业的双线发展,提高了吉布提的经济收入多样化程度,为吉布提的未来发展奠定了基础,有利于吉布提未来"走出去,引进来"的发展。未来,吉布提的各大旅游景点将继续以其独特的风貌,吸引着世界各地的人民;吉布提也将以其独特的方式开发更多的特色产业。关于吉布提的景致,不多但却足够深刻;关于吉布提的美,语言难以表达,只有真正去了才能体会到。有机会的话,请到吉布提体验一番吧,在阿萨尔湖边感受阳光穿透轻薄的云层倾泻下来,感受被独特的景色击中的感觉,体验这种"所见皆如画"的氛围。所以,我们只有站在吉布提这片国土上,才能真正领略到它的美,它确实是吉布提,真正的神圣地质工场。

# 这片炎热土地上的足球

　　吉布提足球协会是专门管辖吉布提足球事务的组织。它的主要目标是：发展和促进吉布提的足球运动，提升年轻人在足球运动实践中的参与度。

　　吉布提足球协会成立于 1979 年，于 1994 年加入国际足协，总部设在吉布提市。吉布提足球协会是世界级、大洲级、区域性的足球组织。其标志背景是竖着的吉布提国旗，由蓝色、绿色、白色图形和一颗红星组成，再加上形似盾牌的外框，配有长矛、匕首。

　　吉布提足球协会负责组织每个赛季的比赛，其中包括全球锦标赛、沙滩足球比赛、五人制足球比赛和女子足球比赛等。除了在国内组织不同足球俱乐部的比赛以外，它还会筹备和组织球员、球队参加非洲大陆联赛或其他俱乐部的国际比赛。诸如此类的功能让这个协会在区域、非洲大陆和国际舞台上不断得到认可，在行政和技术管理等方面也获得了持续的支持。

　　吉布提足球协会希望通过实施青年发展计划等策略，在实践中规范和促进足球在吉布提国内的发展，同时也关注公平竞争、教育、文化和人道主义等事务。通过在全国范围内组织各种形式的足球比赛，吉布提足球协会积极维护其成员的合法权利，促进诚信、道德体育运动精神的形成，打击腐败、使用兴奋剂或操纵比赛等危及比赛公平性的现象。另外值得一提的是，吉布提足球协会还致力于促进吉布提女子足球的发展，鼓励女性充分参与各级足球的管理事宜。不仅是球员,在培育裁判方面,吉布提足球协会也下足了功夫,协会的各项策略、措施都在使足球产业链上的更多人受益。

2016 年,澳大利亚服饰公司为吉布提国家足球队专门设计了全新的主场球衣,充分展现了吉布提独特的国家形象。新球衣以天蓝色为主,天蓝色是吉布提足球的传统色,同时还加入了绿色和白色的装饰条纹,独特的印花图案象征着吉布提社会的多元文化。球衣的胸前有一个吉布提足协的徽章,徽章主体是纵向悬挂的吉布提国旗,两把弯刀分别代表吉布提两个最大民族——伊萨族和阿法尔族,交叉的长矛和月桂树枝则象征吉布提的国家独立和民族团结。球衣胸前和袖口的绿色和白色条纹与天蓝色条纹一样,来自吉布提国旗,天蓝色代表伊萨族,绿色代表阿法尔族,白色则象征和平。衣服上的印花图案结合了非洲和中东文化的显著特征,体现了吉布提社会多元文化的融合。胸口醒目的红色五角星同样来自国旗元素,象征着那些为了国家独立事业曾经抛头颅、洒热血的人。

吉布提足球协会正在尽全力让每个热爱足球的吉布提人都能看到国家足球队的比赛。虽然缺乏专业技术人员,但吉布提足球在他们的努力下变得越来越好。2019 年吉布提足球协会开始运营官方网站,2022 年吉布提足球协会开始运营官方社交软件账号。这些都使得成千上万的球迷和国家队的支持者更容易实时关注和接收到有关吉布提国家足球队的所有信息。

2022 年,国际足联网站现场直播吉布提足球决赛,这是吉布提足球史上的第一次,苏莱曼主席 8 年前的梦想终于实现了。为此,吉布提足球协会特地从苏黎世世界足球机构总部动员了一队技术人员来确保直播的圆满完成。这场成功的直播让所有当地的足球爱好者、吉布提侨民都可以完整、清晰地观看属于吉布提的足球比赛。

在这场决赛中，吉布提两个足球俱乐部 AS Arta/Solar7[①]与 ASAS Djibouti telecom[②] 对冠军展开争夺。紧张刺激的比赛结束，AS Arta/Solar7 以 3∶1 的成绩获胜。全世界人民通过国际足联官网看到了颁奖典礼，AS Arta/Solar7 获得了奖杯和支票，他们的对手 ASAS Djibouti telecom 也获得了支票与荣誉。

吉布提足球协会每个赛季都会组织一项名为"吉布提杯"或"吉布提超级联赛"的全国性赛事，面向吉布提足球协会的所有俱乐部开放。比赛在平局的情况下进行加时赛，决赛除外。吉布提足球协会每个赛季还会组织一项名为"超级杯"的足球活动，让全国锦标赛的冠军和"吉布提杯"的持有者巅峰对决，这绝对是一场不容错过的精彩对决。

对于球员的健康，吉布提足球协会也做出了明确的要求。球员只有接受体检并持有合格的体检证明，才能参赛。联邦医疗委员会对球员的体能评估制度进行了严格的规定。球员的健康档案和所需的体检证明每个季度都会实时更新。如果在体检中发现运动员体内存在禁用物质，如兴奋剂等，运动员会受到较为严厉的制裁。

只有人们真正认识到运动员在吉布提当代社会中发挥的重要作用，他们的努力才有意义。一直以来，吉布提球员们通

---

①　AS Arta/Solar7，即 AS 阿尔塔光能队，吉布提足球俱乐部，球队赞助人是法国人汤米·塔约罗·尼克斯（Tommy Tayoro Nyckoss）。俱乐部为球员们提供了成长和发展的条件，使他们能够充分发挥自己的潜能。目前，该球队目标是能够赢得非洲球赛最高奖项。

②　ASAS Djibouti telecom，即 ASAS 吉布提电信队，吉布提足球俱乐部。

过参与体育竞赛为国家软实力的提升和群众体育价值观的形成做出了重要贡献。作为卓越的榜样,吉布提运动员们值得受到尊重。由于有充足的财政资源支持,吉布提的优秀运动员们目前也受益于各项医疗保险,这样他们才能在良好的条件下为即将到来的下一次全球体育赛事,特别是 2024 年的巴黎奥运会做好准备。

2002 年起,吉布提正式组织女性参加足球运动,女足国家队也成功组建,并代表国家参加国际比赛。

每年的 3 月 8 日是国际妇女节。这是一个国际节日,体现了妇女争取合法权利的胜利。直到 1977 年,联合国才正式确定了这个国际节日,邀请全球各国共同庆祝这一天,以支持妇女权益,尽早改善男女不平等的局面。和世界上的许多国家一样,吉布提共和国在每年的 3 月 8 日也会热烈庆祝"国际妇女节"。

2022 年 3 月 8 日妇女节,吉布提选择的主题是"今天的平等,可持续的未来"。为庆祝当年的"国际妇女节",吉布提足球协会的女子足球委员会组织了一场足球比赛,该比赛汇集了首都各高中的女子足球队,她们在球场上大放异彩。吉布提通过这样有意义的文体活动,给予这个节日高度重视。主席苏莱曼先生在他的发言中强调了吉布提足球协会对女子足球发展的特别关注。他还强调,协会将会不断投入大量资源来实现这一目标。同时他还向吉布提所有妇女致以最诚挚的祝愿,向她们表示崇高的敬意,尤其是感谢她们为国家发展做出的杰出贡献。

法图马·穆萨·迪列赫女士,是对吉布提女足事业起到重大推动作用的人。她是一名拥有体育活动科学和技术执照的教师,曾专门从事教育和运动技能的教学。这位多才多艺、充满活力的吉布提体育教师在体育技能培训上具有独特的教学天赋和才能。

除此之外,法图马女士也是非洲足球协会的教练。她是第一位同时获得这两个职位的吉布提女性。作为一名在国家体育事业发展中勤勤恳恳工作 20 年,成功带领人们走近足球的专业人士,她获得此殊荣也是当之无愧的,这样的荣誉体现的是这位先驱女性在足球领域取得的最高成就。作为一名勤奋的工作者,她是吉布提国家青年学习的榜样,在促进当地体育俱乐部发展上贡献不菲,吉布提人民为她感到骄傲。

不过,如果没有吉布提足球协会主席苏莱曼实施的开明的国家足球发展政策,这样的事在今天是不可能发生的。苏莱曼主席向吉布提女性提供了在当地参加足球运动的机会,以此鼓励她们更好地发挥运动特长以及专业知识。

根据非洲足球联合会的指导方针,负责安全和安保的部门定期招募新人,以配合该机构的新战略——在比赛期间不断为非洲体育场馆所有人的安全提供保障。为了更好地装备人力资源,在国际足联"前锋足球发展计划"的支持下,吉布提足球组织为有志于从事足球事业的女性量身定制了培训讲习班,让她们有机会参与球队日常组织的各项事务,并与各国的国家足球协会一起研讨更适合女性的体育事业培养方案,希望在未来能够将更多的女性引入体育事业。

在疫情的大背景下,安保人员和其他相关安全负责人员的作用在体育场馆中变得越来越重要。正因这样的迫切需求,非洲足联的安全和安保部门正在努力培训所有员工,希望他们的知识技能能够与时俱进,共同加强体育场馆的安全保障。

因此,吉布提足球协会安保和安全委员会成功招募了几位女性,这几位女性将通过互联网与非洲大陆其他各国招募的女性体育工作人员同时参与线上培训。她们的课程包括足球比赛期间安全问题、非洲足联安全和安保法规的学习等。吉布提足球协会通过加强该委员会培训水准，来提高体育工作人员的业务能力，增加体育工作人员的数量并促进工作人员技术技能专业化，以便更好地服务于当前和未来的体育赛事活动。

吉布提武装部队女子球队已经第七次卫冕女子足球冠军。在吉布提巴尔巴拉的法赫德国王体育场举行的仪式上，冠军们手捧本赛季冠军的奖杯。目前该球队球员都是军人，其中一半以上的球员还是国家队球员。如果说军队的女子足球队已经来到了第七个有意义的年头，那很大程度上要归功于多年来一直为它提供保障的后勤和财务的支持。

为了保证吉布提国内足球发展计划的可持续性，2017年，吉布提足球协会在吉布提青少年足球发展的基础上启动了一个庞大项目，该计划以吉布提足球协会的足球学校为中心，针对学校中男孩和女孩进行体育知识方面的预培训。除了普通学校传统的学术方面的培养外，它还向这些年轻的男孩女孩教授体育知识，特别是职业足球的专业教育知识。吉布提足球协会承担与该青年发展项目有关的所有费用，其中涉及为学校招聘合适的足球教育工作者和管理人员，为学生租用公共交通巴士，购买设备和培训材料，等等。

吉布提各足球学院也在如火如荼地建设中。苏莱曼对正在建设中的杜达足球学院进行了实地考察，见证了该球场建设工作的进展，这体现了吉布提对普及足球这项运动的高度重视。按照国际化标准建设，室外足球场、人造草坪不能少。吉布提人民都热切期待着杜达足球学院的建成，它会为吉布提足球在各个层面的发展做出巨大贡献。

吉布提足球协会成立了单独的裁判局，致力于仲裁以及解决与其发展相关的所有问题。裁判局制定了一系列规章制度和仲裁标准，并且保障足够数量的裁判员参与其中，以确保裁判仲裁结果的公平性。

吉布提足球协会裁判局的目标是培养优秀的吉布提足球裁判，并通过制定相关战略来招募和培养年轻裁判推广者，为他们提供持续的专业化培训，以提高裁判的水平，使他们也能在地方体育发展中做出贡献；同时裁判局也会定期评估裁判员，使裁判员的能力维持在一个良好的水平；后备资金和相关技术支持也必不可少。不可忽视的是，吉布提足球协会裁判局正在制定招募女性裁判员的新策略。裁判局招募年轻人，他们深入学校、社区，向孩子们介绍校际或社区足球的比赛规则。裁判局给这些孩子提供了提前接触国家最高水平球队的机会，并希望他们能将学到的专业足球知识和技能传播给身边的人，更好地普及足球运动。

在常规体育赛季、锦标赛和各种区域赛事中，裁判局必不可少。裁判局负责任命所有正式裁判和助理裁判。此外，裁判局还专门提供行政和专业协助。自 2018 年以来，对年龄在 16—25 岁之间的年轻裁判，吉布提足球协会裁判局会为他们量身定制培训方案，并监督执行。这样的训练降低了从事裁判的门槛，吸引了不少优秀年轻人加入该行业，同时使年轻的裁判也能够裁决专业性较高的比赛。

在主席苏莱曼的领导下，裁判局的"妇女计划"和"青年计划"也在稳步推进，这将对吉布提足球事业的发展起到推动作用。"妇女计划"为有意愿成为裁判的女孩提供了宝贵的进入行业的机会，任何年满 14 岁并通过相关测试的女孩都有机会参与该计划。"青年计划"是国际足联近年来为年轻人（11—15 岁）发起的基层计划，通过相关的裁判员测试，即可加入。

在年底短暂的休息之后,吉布提足球协会中在各个国家足球锦标赛中担任裁判的各类裁判员,都需要按照非洲足球联合会和国际足联的新指示提交赛季中期的健康和理论测试,通过以后方能注册下一年的裁判证。正是由于这一系列针对裁判的培训方案和管理机制,吉布提足球裁判们纪律严明,积极进取,并致力于国家足球运动的实践、普及和发展。

吉布提也正式启动了国际足联学校足球项目。吉布提足球协会与国际足联基金会(国际足球协会联合会)合作,共同创建了国际足联学校,为吉布提足球事业的发展提供后备力量。该项目是"足球四校(F4S)"项目的一部分,其背后是国际足联的一项特别基金会方案,这个方案旨在将足球运动与学校教育融合,鼓励孩子在课程中学到更多足球知识。"足球四校"项目希望更多的孩子未来能参与到吉布提足球运动中来,通过结构化课程,利用足球游戏传达教育信息。教育工作者可以根据学生实际的需求调整练习的难度。

"足球四校"项目是国际足联与联合国教科文组织合作实施的一项计划,旨在为全球近 7 亿儿童的足球教育事业做出贡献。通过与有关当局合作,将足球活动纳入教育系统,使吉布提全国学生有更多机会接触到足球。

目前,吉布提正致力于扩大自己的球队规模,提升球员水平。曾效力过阿森纳足球俱乐部①和巴塞罗那足球俱乐部②的

---

① 阿森纳足球俱乐部(Arsenal F. C.,简称阿森纳),成立于 1886 年,是一家位于英国伦敦伊斯灵顿社区的足球俱乐部,现参加英格兰足球超级联赛。阿森纳足球俱乐部是英格兰历史上最具规模的俱乐部之一,亦是英格兰顶级足球联赛停留得最久的俱乐部。

② 巴塞罗那足球俱乐部(FC Barcelona),位于西班牙巴塞罗那市,于 1899 年创立,是西班牙足球甲级联赛传统豪门之一。

球员亚历山大·宋·比隆①,是身价达到过 2850 万欧元的世界足坛知名中场球员。这位 34 岁的喀麦隆球星本可以"颐养天年",告别赛场,但是为了养活他身后的 400 多名球员,他依然作为职业球员四处征战,为球队争取非洲冠军联赛的参赛资格做出了卓越的贡献。

2020 年是欧洲足坛黑暗的一年,遭受疫情冲击,许多球队纷纷解散,不少球员遭到解约。原本在瑞士球队锡永②效力的亚历山大·宋·比隆也难逃此劫,离开了队伍,一度无球可踢。直到这年的 11 月,他才加入吉布提球队 AS Arta/Solar7,宣告重新回到球场,得到了不菲的报酬,身披 17 号球衣上场征战。

AS Arta/Solar7 可谓阵容强大、实力超群:球队中聚集了 3 位曾征战欧洲足坛的非洲球员,除了亚历山大·宋·比隆以外,还有 38 岁的喀麦隆门将伊德里斯·卡洛斯·卡梅尼③,32

---

① 亚历山大·宋·比隆(Alexandre Song Billong),1987 年 9 月 9 日出生于杜阿拉,喀麦隆职业足球运动员,场上司职后腰/中后卫,曾效力于阿森纳足球俱乐部、巴塞罗那足球俱乐部和西汉姆联足球俱乐部等,现效力于吉布提超级联赛阿尔塔光能俱乐部,成为吉布提联赛历史上最大牌的外援。

② 锡永足球俱乐部(FC Sion)是一家位于瑞士锡永的足球俱乐部,成立于 1909 年。锡永获得过 2 次瑞士足球超级联赛冠军(1992 年、1997 年)和 10 次瑞士杯的冠军。

③ 伊德里斯·卡洛斯·卡梅尼(Idriss Carlos Kameni),1984 年 2 月 18 日出生于喀麦隆杜阿拉,喀麦隆足球运动员,场上司职门将,现效力于阿尔塔光能足球俱乐部。

岁的西汉姆联①的前塞内加尔前锋迪亚夫拉·萨科②。

卡梅尼年少成名,16 岁时他就为喀麦隆夺取了 2000 年悉尼奥运会男足的金牌,当时他是最年轻的奥运金牌足球选手,这让他一战成名,吸引了很多球队的注意,后续也获得了更为专业的培养。作为守门员,卡梅尼反应极快,身手敏捷,经常有出乎意料的神奇救险经历,不过偶尔也会出现一些低级失误。他喜欢出击,不是门线型门将。不过在摘高球方面,他有些吃亏,短小的身材限制了他的活动范围,但他仍不失为一名优秀的守门员。另外,他还很擅长扑救点球,绰号"点球克星"。他曾表示自己不会太早退役,可能这也是他加入吉布提球队的原因之一。

塞内加尔前锋迪亚夫拉·萨科自离开上一支球队之后就一直保持着自由球员的身份。AS Arta/Solar7 当然不会错过这名优秀的选手,向他递出了橄榄枝。队长亚历山大·宋·比隆在个人社交媒体上对迪亚夫拉·萨科的到来表示欢迎。萨科在西汉姆联时期曾有过非常出色的表现。2018 年转会至雷恩③。2020 年以自由球员身份加盟纳沙泰尔④,他的加入使这支球队锦上添花。

雄心勃勃的 AS Arta/Solar7 通过不断签约数名国外优秀球员,让吉布提这个足球小国逐渐走向了世界足球地图耀眼的

①　西汉姆联足球俱乐部(West Ham United F. C.),是英格兰足球超级联赛球队之一,位于外伦敦东部,成立于 1895 年。球队总共获得 3 次足总杯冠军和 1 次欧洲优胜者杯冠军。

②　迪亚夫拉·萨科(Diafra Sakho),1989 年 12 月 24 日出生于塞内加尔。

③　雷恩足球俱乐部,成立于 1901 年,位于法国西北部,现参加法国甲级足球联赛。

④　一支瑞士球队,成立于 1970 年。

位置。

除外国球员外,吉布提也培养出了一些优秀的本国球员。吉布提国脚瓦尔萨马·哈桑①的父亲也是吉布提的前优秀球员。瓦尔萨马这位年轻的中场神童正式加入了 AS Arta/Solar7。

从 7 岁到 16 岁,瓦尔萨马一直在久负盛名的皇家标准列日足球俱乐部②的培训中心成长,那里出色的职业足球训练使他受益良多,让他能够在任何其他俱乐部中脱颖而出。这位年轻又有才华的吉布提中场球员在欧洲球队训练数年后,回到了吉布提效力,他的加入受到了吉布提人民和球队的热烈欢迎。他也对有机会在本国土地上发挥自己的才华表示非常兴奋。

吉布提球员能够在球场上叱咤风云,自然也少不了后勤部门的帮助。按摩师或治疗师是当今世界上任何球队都不可或缺的。吉布提足球协会十分重视国家男子足球队的发展,为球队专门配备了一支高效的医疗团队。阿布贝克·穆萨·达赫尔医生就是其中一员,他的按摩能减轻训练场上的伤病给队员带来的痛苦或疲惫。

吉布提球队正在运用最新科技来提升自己的管理和运营水平。协会动员了国家宪兵机动大队的无人机飞行员小组来拍摄国家足球队的训练课,以此协助吉布提国家队的技术人员的工作,使得他们能够撰写出更加客观、详细的训练分析报告。这样,球队的优缺点能够更直观地体现出来,让球员和球队的技术更上一层楼。

吉布提足球协会作为吉布提国家的代表,在促进吉布提足

① 瓦尔萨马·哈桑(Warsama Hassan Houssein),1999 年出生于吉布提市,著名中场球员。

② 标准列日足球俱乐部(Standard Liege)是比利时最受欢迎的俱乐部之一,历史总战绩排比利时足球甲级联赛第三位。

球事业发展中做出了不可磨灭的贡献。协会不断让更多女性和孩子参与进来,将更多现代化技术应用到训练和比赛中,保证比赛的公平合理。一位又一位杰出的代表人物,一个又一个默默奉献的足球人员,他们正在为吉布提足球事业的光明未来添砖加瓦。

# 多种文化熏陶下的礼仪习俗

有一则寓言故事是这样说的：

几个来自不同国家的商人在船上开会。突然船进水开始下沉，船长命令大副让商人们穿上救生衣跳到水里去。过了一会，大副回来说商人们都不肯跳。船长于是二话没说转身出去了，过了一会船长回来说，所有人都跳下去了。大副觉得奇怪，忙问船长用了什么妙法。船长笑笑说："我用了心理学知识，我告诉英国人跳水有益于健康，他就跳了，然后我告诉法国人这样做很时髦，告诉德国人这样做是上级命令，告诉意大利人这样做是被禁止的，而告诉美国人已经帮他们上了保险，就这样，他们一个个都跳下去了。"

从这个故事中可以看出，不同地区、不同国家的文化往往存在差异，文化的差异导致人们的思维方式、价值观念不同，从而增加了跨文化交流的复杂性。

吉布提虽小，但它却是一个标准的国际化国家，许多文明在此碰撞交融。作为受到伊斯兰教的影响、阿拉伯文化的熏陶、曾被法国殖民过的国家，吉布提拥有极大的文化包容性，所以，吉布提的礼仪习俗是许多国家、地区文化融合的产物。如果要去吉布提旅游或与吉布提人进行商务谈判，一定要先了解当地的习俗，这样能够避免很多不必要的麻烦，让旅行或谈判更加愉快。

伊斯兰国家人民通常认为婚姻对社会和谐起着至关重要

的作用,所以他们非常注重维护夫妻关系。吉布提人针对不同的年龄组设立"负责人",其主要职责是调解家庭纠纷、缓和社会矛盾。在社会上,男性比女性具有更大的权力和更高的地位,在政治、商业和公共生活中享有主导地位;女性往往在学术界工作,或是担任商人、公务员等。在家里,女性需要做家务、照顾孩子,与金钱相关事项的最终决定权通常掌握在家庭的男性成员手中。

吉布提人结婚相对来说较早,婚姻由父母包办,结婚时会考虑男女双方家庭背景。如果姑娘结婚很早,人们会对她及她的家人大加赞扬。吉布提允许一夫多妻。只要他负担得起,一个男人可以娶多达4个女人。偏远的地方实行一夫一妻制,女孩结婚会更早,十几岁的已婚女性很常见。吉布提人口主要由两个部族组成:居住在南方的索马里人和北部的阿法尔人,而吉布提的绝大多数索马里人都属于伊萨人。对索马里人来说,婚礼是庆祝生命、赞颂繁荣的神圣仪式。新娘和新娘的母亲会准备一种用枣泥包裹肉制成的菜肴。亲朋好友会赠送电视机、洗衣机、空调等礼物给新娘。

吉布提男女大多行割礼,这虽然在世界范围内广受批评,但作为他们传统文化的一部分,依然沿用至今。支持割礼的人认为,这样可以保持童贞,维护家庭的荣誉,还可以提高生育能力,增强社会凝聚力。要注意,在与吉布提当地居民,尤其是与妇女打交道时,要谨慎谈论这些敏感话题。

吉布提几乎没有创造性的书面文学,但该国口耳相传的故事不少。阿法尔人和索马里人在历史上都是游牧民族,他们都会直接或间接在村子里通过朗诵圣歌、讲述传说的方式,来保护和传承他们的历史文化。他们讲述的故事大多与战争、英雄相关。虽然现在城市里的人们很少这样做了,但大多数吉布提人还是会在婚礼或葬礼上吟唱这些圣歌。

　　来到吉布提,你可能会羡慕吉布提人的舞蹈天赋。这里无论男女老少,都非常擅长舞蹈。阿法尔族有一种舞蹈名叫jenile,它的起源据说与宗教相关。人们表演这种舞蹈时,会有一个人站在人们围成的圆圈中间,称为jenile,他负责吟唱,其他舞者会向他提出问题。围成圈的舞者拍手和吟唱的速度会越来越快,直到jenile回答了他们所有的问题。

　　吉布提的电视节目中经常出现民族音乐和舞蹈。吉布提不同地方都有自己独特的音乐和舞蹈风格。索马里歌曲每八度只用五个音高,被称为五音。吉布提政府鼓励有才华的表演者,并将他们送往国际赛事进行表演和比赛,希望在全球范围内展示吉布提文化。在城市里,当代流行音乐、摇滚乐和嘻哈音乐等风格都很受人们欢迎。

　　几个世纪以来,由于殖民历史和交通的改善,吉布提当地食物和烹饪技术已经吸收了各国美食的特点,形成了现在我们所能品尝到的吉布提美食,这些美味佳肴如今已成为吸引游客前往吉布提的一大动力。

　　吉布提的美食受到索马里、也门、法国,甚至印度的影响,其中印度对其影响最大,原因可能是英国的海员和商人将印度特有的薄饼、小扁豆和咖喱带入了该国。葡萄牙人负责引进菠萝,阿拉伯人首先引入了伊比利亚半岛的柠檬和橙子。此外,葡萄牙人和西班牙人都带来了他们在新大陆发现的其他食物,例如玉米、辣椒、土豆和西红柿。

　　然而,真正促使吉布提美食在国际上享有一席之地的是阿拉伯人。阿拉伯人将小豆蔻、肉桂和藏红花等东方香料以及石榴浓缩物等增味剂引入吉布提,这才真正造就了独具风味的吉布提菜肴。

尽管受到了这么多国家美食的影响,但吉布提的食物仍然保留了自己的传统特色。吉布提人的主食是谷物、乳制品和除猪肉外的肉类。吉布提人口味丰富,从传统的辛辣牛肉汤到清爽的混合蔬菜炖汤都是他们常吃的食物。住在城市里的人对于食物有着更丰富的选择,筒状泥炉①做出来的烤鱼是一种不同的美味。五香蔬菜炖汤、五香牛肉汤也很受欢迎。尽管有常见的传统菜肴,但从外国传来的其他菜肴也经常出现在日常菜单上。

如今,吉布提许多厨师都对本国的传统美食充满热情。在酒店和其他游客下榻的地方,厨师们只使用传统的基本食材,让外国游客体验原始菜肴的美味。

哈尔瓦②是一种用玉米淀粉、肉豆蔻制作而成的甜品,在婚礼上尤为常见,翻译过来是"甜蜜"的意思,是一种凝胶状、半透明的甜点。哈尔瓦色泽极其鲜润,质地非常柔软,甜中带一丝的咸味。人们一般蘸着糖和蜂蜜一起食用,入口松软舒适。尽管不同地方的哈尔瓦看起来都差不多,都具有米黄的颜色和密实的质地,但制作方式各有不同。

烤三角饼是一种餐前小吃,通常由肉、洋葱和蔬菜制成。它喷香酥脆,也是索马里人老少皆爱的油炸糕点,还可以与辛辣的胡椒酱一起趁热食用,搭配一种由番茄和磨碎的蔬菜制成的浓酱会另有一番风味。

啦喉赫是索马里和吉布提特有的一种面包,在索马里兰格外有名。类似的面包在邻国埃塞俄比亚叫英杰拉,但啦喉赫较

---

① 印度筒状泥炉(tandoor)是一种陶制或金属制的用来烤熟食物的工具。

② 哈尔瓦(halva)是中东地区广受欢迎的甜食,常出现于宴会和礼仪场合。

小一些。制作啦喉赫需要使用中筋面粉、低筋面粉、酵母等材料。用手加以敲打混合直到变软,放一个晚上使之发酵,而后烤至底部呈金色,烹饪时顶部会出现小孔,所以呈海绵状质地。这是一种富有营养的面包,可以蘸上黄油或蜂蜜食用,也可以搭配菜肴。

马拉克卡伦是一种源自吉布提的传统炖鱼。这道菜通常由鱼片(通常是罗非鱼或鲈鱼)、土豆、洋葱、秋葵、茄子、西红柿、大蒜、罗望子酱、盐、黑胡椒、欧芹、大米和油混合制成。将油炸后的土豆与洋葱、秋葵、西红柿、茄子、罗望子酱和大蒜混合,用盐和黑胡椒调味,然后加水一起煮沸,加入鱼肉和米饭,用文火炖至米饭变软即可食用。

发发(Fah-fah)是一种源自吉布提的传统汤品,通常由山羊肉、卷心菜或羽衣甘蓝、韭菜、大蒜、洋葱、土豆、辣椒、香菜、盐和胡椒混合制成。将肉和蔬菜放入锅中,加水后用文火慢炖。一段时间后,将大蒜和香菜加入锅中,炖至肉变软。吉布提南部地区喜爱制作这种汤品,搭配大饼食用。

斯科德卡里斯是一道用小豆蔻调味并用羊肉烹制的美味米饭,羊肉也可以用鸡肉、牛肉或鱼替代。为了打造辛辣风味,还会加入孜然、丁香、辣椒、肉桂和西红柿,烹制成一道浓稠的菜肴。

虽然吉布提国土面积不大,它却拥有许多内陆国家梦寐以求的海岸线,这条海岸线长达 372 公里,所以吉布提人也更容易品尝到新鲜海产品的美味。外国人到非洲一定会感慨当地海产品价低质优。非洲三面环海,受到洋流等因素的影响,东部与西部沿海都有世界著名的渔场,且海产品种类丰富,海鲜因此广泛存在于非洲人民的菜谱中。只是非洲很多国家本身渔业基础落后,只能将渔场出租给其他国家进行经营。虽然海产品大多物美价廉,但是像龙虾、鲍鱼之类的高档海鲜,对收入较低的当地人来说,还是比较奢侈的。

如果一名吉布提男子去世,他的妻子需要悼念他四个月零十天。他的家人还会准备一个大帐篷用来接待前来悼念他的人。索马里人相信每个活着的穆斯林都是树上的一片叶子,这棵树是天堂与人世之间的界限。在伊斯兰历的第一天,天使会摇晃那棵树,脱落的叶子就代表着当年要死去的那些人。

作为一个宗教信仰氛围浓厚的国家,吉布提禁忌颇多。在吉布提人家里做客,要非常注意当地人的习俗。

与吉布提人初次见面,可以通过握手来表示善意,这与在中国的做法是一样的。如果双方是好朋友,他们往往在放手的时候会用手指发出清脆的声音,朋友之情溢于言表。吉布提人热情礼貌,男性之间往往会行握手礼或将右手贴在自己胸前来打招呼,女子则多行屈膝躬身礼。对于外国友人,吉布提人常常行贴面礼,左右脸各贴一次,同时给予朋友热情的问候和衷心的祝愿。遇见关系亲密的好友,在握手后,他们还会相互拥抱,一边拥抱一边说着"近来如何""身体怎么样""家庭成员都好吗""工作顺利吗"或者"我常常惦念着你呀"这样一连串的问候话语,这种情形往往持续数分钟甚至十多分钟。同性好朋友见面,两人会热情地拥抱一番,再行贴面礼,然后将右手放置在自己的胸前,俯首致意,讲一些衷心祝福对方的话语;分别的时候,他们会再一次热情拥抱并且再次行贴面礼,关系非常亲密的人甚至还会深情地亲吻对方的嘴唇。看到这里,你一定会觉得吉布提人对于人际交往非常开放,然而事实是,当异性朋友相见时,即使他们的关系再好,也只会点头鞠躬,简单地问候对方,一般来说他们甚至都不会握手,更不要说拥抱和亲吻了。可见在男女交往方面,吉布提人非常注意把握分寸,对异性不会有任何不合适的亲密言语和动作。

吉布提人的热情好客是出了名的,当地盛行"客多主荣"的传统,即上门拜访的客人越多,主人越感到高兴、有面子。吉布提人热情直率、待人真诚。当地居民遇见外来男性客人,只要聊得来,哪怕只接触了一两次,便会与他们称兄道弟,将他们视为知己,还会邀请他们和其妻子、儿女、朋友一道上门做客。主人也会带上自己的亲朋好友作陪,用一桌丰盛的宴席款待他们。主客们酒足饭饱之后,可以畅所欲言,尽兴歌舞,好好地热闹一番。宴席快结束的时候,主人还会诚恳地挽留客人多住上几天。无论客人待上几天,主人都会亲自在家作陪,以示重视。即使手头有急事要办,也会瞒着客人暂时先放一放,陪完他们再处理急事。吉布提人对待客人的态度,真是让人肃然起敬。

善于经商也是吉布提人的标签之一。他们精通商务谈判,既会讨价还价,争取自己的利益,也懂得何时该妥协让步,让对方也感到舒适。自古以来吉布提经济不发达、农业资源不充足,人们需要走出家门做生意补贴家用,久而久之,经商的人越来越多。因此,无论是本地人想做好生意,还是外地人到吉布提开拓市场,高超的谈判技巧、灵活的谈判艺术都是必不可少的。同吉布提人进行谈判时,需要注意以下几点:

首先是互惠原则。这个原则虽然耳熟能详,但实际上听起来容易做起来难。大多数人在商务谈判中都存在一个误区,认为谈判就是要"赢",所以他们一心想要战胜对手,满足自己的需求,从而获得最大的经济利益。但与吉布提人谈判时,如果持有这种心态往往会适得其反,导致谈判失败。吉布提人认为,商务谈判应本着谈判结果对彼此都会带来好处和实惠的原则,只有这样,谈判双方最后才能成为胜利者,双方都能获得利益且维护良好的谈判关系,日后还能为彼此创造更多的合作机会。

其次是妥协的策略。上文说到,在与吉布提人进行商务谈判时,不可持"我胜你败""坚持到底就是成功"等零和博弈的想法,应当选择在不损害己方根本利益的前提下做出一定的让步和妥协,最后达成双方都能接受的协议。为了在谈判中获得成功,要选派素质优良、经验丰富的谈判者。参加谈判的人性格要偏外向,言谈幽默,举止恰当,反应机智,态度热情,处事中庸,遇难懂得忍耐。谈判不失为一门学问、一门艺术。谈判者要想取得成功除了要具备以上的谈判技巧外,还要掌握各方面的知识,这样才能应对谈判过程中出现的各种情况,更好地驾驭谈判过程。同时谈判前也要做好充分的准备,在谈判前广泛收集对方的相关信息,除了业务范围、经济实力和信誉程度等较为客观的信息外,还需要格外留意对方的特点,比如,他是不是一个决策者,他的谈判风格、个人爱好,他对中国的态度等个人信息。知己知彼,方能百战百胜。谈判时间的选择对最后的结果也是不容忽视的,应避开对方祷告和用餐的时间,也不要选在对方忙碌时与其谈判。值得注意的是,周末不是一个好的选项,因为对吉布提人来说,法定节假日是用于休息、陪伴家人的。

吉布提位于非洲与中东地区交界处,当地的文化氛围既有非洲特点又不失阿拉伯风情,和当地人打交道,很容易感受到他们身上非洲人的粗犷和阿拉伯人的精明。吉布提人还以健谈而闻名,他们会毫不吝啬地花上大把时间和卖家讨价还价,或者坐下来聊上好几个小时。当地的语言也很复杂,常用的有法语、英语、阿拉伯语、索马里语、阿法尔语等,很多吉布提人至少同时掌握两门语言。

在中国人的印象中,非洲一直是一个治安欠佳的地方,但吉布提这个国家却是相对安全的。到目前为止,当地没有针对中国人的暴力事件。或许是由于外国人太多,当地人对外国面孔司空见惯,不会因为游客是外国人而好奇或是不怀好意地多看两眼,更多的则是友好地打招呼。即使语言不通,吉布提人也会向外国人伸出援助之手,像伊斯兰教教义一样,给予有需要的人帮助。

7月是当地一年中最热的月份,最高气温约为52℃;但即使在冬季,气温也很少低于27℃,所以冬季是当地最适合度假的时候。外出旅游必然是要带回一些纪念品的。外国游客最喜欢的是珍珠和珍珠制成的产品,还有每个市场上都出售的当地香料或手工艺品。吉布提货币可以在银行或专门的兑换处兑换。不过,银行只兑换美元和欧元,而兑换处可以兑换任何货币。大型商店和餐馆都接受信用卡支付,因此没有必要随身携带大量现金。在当地餐馆,别忘了给服务员小费,一般留下10%的小费就足够了。有经验的游客总是会提前给小费,这样服务水平会高得多。尽管吉布提的犯罪率低,但游客仍需小心,在拥挤的地方注意看管好自己的物品。

吉布提的礼仪习俗是在多种文化熏陶下形成的,与中国礼仪习俗多有不同。无论是去当地旅游,还是与吉布提人进行商务谈判,都需要了解当地的习俗,尤其是宗教传统文化方面。游客需尊重当地人的说话和饮食习惯,不谈论禁忌话题,不做不合规矩的事。有机会的话,请到非洲之角来感受这个既具有国际化气息,又蕴藏着自身民族特色的国家,相信这里的美食和热情的居民不会让你失望。

# SOS 儿童村——孩子的特殊家园

　　SOS 儿童村是一个以多种方式救助孤儿的公益机构,与多国政府以及国际儿童组织达成合作协议。它是一个国际非政府组织,一个民间社会福利组织。使用"SOS"三个字母是为了呼吁全世界一起关心这些在灾难中幸存或者生活遭遇困境的孩子。

　　20 世纪 40 年代末,第二次世界大战的灾难性影响波及了许多地区的家庭。在"二战"中,各个年龄段的儿童和青少年都成了战争的牺牲品,其中很多孩子沦为孤儿。出于对孩子的关爱和对世界未来的担忧,奥地利医学博士赫尔曼·格迈纳尔①下定决心为战争孤儿寻找一种能满足他们成长需求的生活方式。在漫长的调查和探索中,他提出了一种伟大设想:以家庭方式抚养和教育孤儿。为了检验该想法是否可行,他首先在奥地利的伊姆斯特镇创办了世界上第一个 SOS 儿童村。格迈纳尔表明:"儿童村是一个拯救孤儿的社会福利事业组织机构,其任务是收养社会上丧失父母且无亲友抚养或亲友无力抚养的健全孤儿。"在他的呼吁和努力下,第一个 SOS 儿童村竟然取得了意想不到的成功。儿童村这种模拟真实家庭抚养的救助

---

　　①　赫尔曼·格迈纳尔,奥地利医学博士,著名的国际 SOS 儿童村组织创始人。伟大的国际主义者,慈善家,教育家。为纪念创始人赫尔曼·格迈纳尔博士,1987 年国际 SOS 儿童村组织决定将赫尔曼·格迈纳尔先生的诞辰 6 月 23 日定为国际 SOS 儿童村日。

方式使那些经历苦难后幸存的孩子能够重新获得母爱和家庭温暖。

截至 1959 年,奥地利伊姆斯特镇的 SOS 儿童村已经有 10 年的历史了,为许多无家可归的孩子带来了家庭般的温暖。在第一批儿童村成功之后,全世界有志于从事爱心福利事业的人相继加入了赫尔曼·格迈纳尔的行动中来,为儿童村的建设做出了巨大贡献。奥地利、法国、德国和意大利先后建立起了 20 个 SOS 儿童村。全球大约有 100 多万爱心人士用不同的方式支持着 SOS 儿童村。1961 年,国际 SOS 儿童村的总部在奥地利正式成立了。到 1969 年,世界第一个 SOS 儿童村已投入使用 20 年,同时,南美洲和亚洲有 70 多个 SOS 儿童村已建成或在计划建设中。世界上最大的一个 SOS 儿童村在越南西贡落成,可容纳 41 户家庭。村长本人——经济学博士赫尔姆特·库廷①就是在 SOS 儿童村中成长起来的第一批孩子中的一员。这时全世界支持 SOS 儿童村的人已多达 200 万人。1979 年,在伊姆斯特镇 SOS 儿童村建立 30 周年之际,全球在建或已投入使用的 SOS 儿童村的项目已达 143 个,其中不仅有儿童村,还有幼儿园、小学、中学、格迈纳尔大学和青年公寓。同年,国际 SOS 儿童村组织在巴拉圭建起了第一所 SOS 儿童村医院。这时,全球已有 60 多个国家以不同的形式为 SOS 儿童村做贡献。截至 2005 年,SOS 儿童村自建立以来已经走过了 56 年的光辉历程,全球五大洲共计 131 个国家建立了 439 个儿童村、250 所幼儿园、296 所社交中心、326 所青年公寓、131 所职业技术培训中心、162 所格迈纳尔学校、51 所格迈纳尔医疗中心、10

---

①　赫尔姆特·库廷是继赫尔曼·格迈纳尔博士之后的下一任国际 SOS 儿童村主席。

所紧急救助项目,各类组织机构总数达 1665 个。在中国,继烟台、天津两处最早的 SOS 儿童村落成之后,福建莆田、成都、乌鲁木齐、齐齐哈尔、南昌、拉萨地区的 SOS 儿童村相继落成。随着格迈纳尔以家庭方式抚养、教育孤儿的思想进一步发展,烟台、天津、齐齐哈尔、南昌、成都、开封又建成 6 处青年公寓和烟台格迈纳尔中学、齐齐哈尔职业技术学校,这一系列教育学校和基础设施的建成又将全球孤儿教育事业向前推进了一大步。

经过了 70 多年的发展,SOS 儿童村在全世界关爱孩子、救助孩子的友人的支持下,已得到广泛认可和推广。国际 SOS 儿童村也凭借其良好的国际声誉,一跃成为具有强大号召力和影响力的世界性慈善机构。SOS 儿童村已被世界各国公认为具有广泛社会影响力的、为世界人民所尊敬的国际民间慈善机构和解决孤儿问题的成功典范。

自 1949 年创建到现在,SOS 儿童村几乎遍布全世界各个国家。至今,SOS 儿童村已经成为国际性的民间慈善组织,它致力于照顾孤儿或者有需要的儿童,并向他们提供永久居所。同样是拯救孤儿的社会组织,SOS 儿童村与我们常见的孤儿院有着根本性的区别——它以家庭形式对孩子进行教育和管理。每一个 SOS 儿童村中设立了十几个收养家庭,每一个家庭都肩负着养育八九名孤儿的责任。因为"妈妈"和孩子们之间的家庭成员关系是维系一生的情感纽带,所以 SOS 儿童村会面向社会招聘有奉献精神,喜欢孩子,爱护孩子,并有能力教育孩子的单身女性担任"妈妈"的角色。每个家庭中的孩子都来自不同年龄段,虽然这对收养家庭和"妈妈"而言是一个不小的挑战,但能最大程度地模拟真实的家庭环境,有效保证孩子们的基本社交环境。

　　1985年,作为发展中国家的中国创建了本国的第一个SOS儿童村,在接下来的30多年内,在国际SOS儿童村组织的帮助下,中国在国内多地创建了类似的儿童聚居区。2011年,被联合国列为全世界最欠发达的国家之一的吉布提也着手参与SOS儿童村的建设并开展了"家庭强化计划"。联合国儿童基金会2010年关于吉布提儿童状况的报告显示,大多数吉布提儿童生活在赤贫之中,他们的生命安全面临严重威胁。根据报告,在吉布提大约有三分之二的儿童被剥夺了至少一项基本权利,包括庇护权、教育权和人身自由与安全权。"吉布提的贫困程度完全展现了当地儿童所面临的危险环境,相较于其他国家,他们更容易受到剥削和虐待。"极端贫困剥夺了许多儿童的生命安全和快乐成长的童年。稀缺的资源、恶劣的自然环境、缓慢的经济增长速度、落后的基础设施和低下的工农业发展水平使得吉布提大多数孩子缺失健康的生活和安全的成长环境。甚至有些家庭生活不稳定,导致许多儿童面临失去父母照顾或不得不辍学外出工作的危险。不少父母为了赚取更多钱而将年幼的孩子抛弃在家。落后的教育以及不发达的经济导致吉布提的孩子普遍缺少受教育的机会。这些孩子急需一个能感受温暖的有"妈妈"的家庭式生活环境,因此,吉布提SOS儿童村应需而生。

　　吉布提SOS儿童村建设项目位于塔朱拉湾①,这里被称为非洲之角。一方面,塔朱拉湾位于赤道附近,接近最炎热地区,因此炎热和干燥的气候成了项目建设的难点之一;另一方面,落后的基础设施也在一定程度上拖慢了工程进度。除此之外,

---

　　① 塔朱拉湾是吉布提的一个海湾,位于亚丁湾西端。吉布提港位于海湾东南岸。湾口宽56公里,长80公里,最深点1082米。

塔朱拉湾地区建筑规范性不够,房屋建设相对自由,许多开发商为了赚取利润,以低成本建造低质量的住宅供吉布提居民使用。建设团队承担着给孩子们提供健康舒适的生活学习环境的重任,在某种程度上,他们肩上承担的是吉布提的未来。因此,建设团队克服重重困难,决心设计一个高品质、低造价的理想住宅环境。

和世界上大多数地区的 SOS 儿童村一样,吉布提 SOS 儿童村也是一个儿童聚居区,但是它又具有特殊性——它是一个在极端气候和社区传统条件下设计的儿童聚居区。在吉布提恶劣的自然环境和艰苦的社会条件下,儿童村建筑团队所要完成的不仅是一座用于居住和生活的家园,更是一处供孩子心灵栖息的乐园。Urko Sanchez 建筑事务所[①]在对场地和环境进行了大量研究后表明:"我们决定采用基于聚居区的类型学方法,并尝试兼顾社区传统、通风性和热舒适、安全性、自给自足这几个设计要点。"简而言之,设计团队认真研究了吉布提气候环境中的住宅特点,在综合考虑地区极端气候和当地社区传统的基础上总结出了设计要点。第一,当地的社区传统是保障居民与开放空间的关系。从房子内部来看,一定的私人空间和公共空间是不可或缺的一部分;从所有房屋的整体格局来看,儿童村的房子建造就像传统的聚居区一样,所有房子都向着内院开放,利用围墙形成院落,这样做有利于维持邻里关系,提供社区亲密感和安全感。考虑到适当的房屋间距是保持隐私的重要手段,设计团队决定采用类似古村落的交叉错落的房屋布置方式。这种房屋布置方式对公共和私人空间有明确的区分,但

---

① Urko Sanchez 建筑事务所是一个屡获殊荣的肯尼亚和西班牙精品建筑公司,以卓越的设计而闻名。

又鼓励居民进行户外活动。这样一来，每个家庭都有相对私密的开放空间，这个开放空间也是内部和外部空间取得联系的重要纽带。从 SOS 儿童村各个家庭中"妈妈"的角度来说，高低错落的开放空间可以使得 SOS 村的"妈妈"获得良好的观察视野，也加强了每座房子与其私人开放空间的联系。第二，通风性和热舒适意味着保持建筑内部通风状态并通过有效散热来维持建筑物内部的温度。由于地处热带地区，所以通风性和热舒适是炎热气候中的传统建筑所需要考虑的首要问题。经过详细研究和多次模型试验，设计团队得出了结论——建造狭窄的街道和注重建筑物的朝向是被动散热和有效通风的解决方式之一。设计团队利用"狭管效应"原理，通过在胡同方向设置"通风走廊"，并利用房屋表面的开口来获得最佳的自然通风。除此之外，在自然通风困难的地方，团队设计了被称为"捕风塔"的高风量通风井，它们可以"捕捉"风并将其引入房间，从而保持内部空间的空气流通。这一设计使得房屋在无风或者微风天气也能保持空气流通。空气流通性的加强使得空气的空间渗透性增大，进一步达成了"热舒适"的目标。第三，安全且自给自足的生活环境意味着建筑必须是适用于儿童生活居住的安全环境，如社区内部不允许停车。建筑中狭窄的内街和广场具有休闲功能，可供儿童游乐玩耍，也是社区交流的重要场所。为了营造更舒适自然的生活环境，建筑要融入自然绿化，但考虑到当地干旱缺水的气候，引入儿童村内的多是一些沙漠植物。设计团队鼓励居民悉心照料这些绿色植物，期待它们有朝一日可以形成一个公共绿地网络。长远而言，这些不断生长的绿色植物既能为儿童村营造舒适宜居的生活环境，也将会使得儿童村在夏季更加凉爽。除此之外，为了将充足的日照和炎热的气候转化为资源应用于人民的生产生活，在低预算成本的条件下,设计团队选用了钢筋混凝土结构的水泥砂浆,发白的泥土色调使光线得以最大化利用,并使之融入景观中。团队还为儿童村设计了一套光伏发电系统,使得居民不再每天为炎热日照所困扰,而是充分利用多余日照,保证自给自足的用电。安全且自给自足的生活环境不仅可以加强社区意识,也使 SOS 儿童村得以正常运行。袁野①对吉布提 SOS 儿童村的特色建筑发表评论,称:"源自当地居民的色彩柔和的纯净外墙、镂空砌块墙、偶尔跳色的木门和绿植以及引人注目的捕风塔等都具有鲜明地域性特征,显示了气候特色与文脉延续的高度统一。"

SOS 儿童村认为每个儿童都有权利获得母爱和家庭温暖,所以坚持为孩子们提供高质量的护理。优质护理意味着为儿童提供一个安全有爱的环境,让他们健康成长并充分开发潜力。儿童村实施"家庭"模式管理,目的是找出最无力抚养孩子的家庭。如果一个家庭没有条件让孩子和家人待在一起,他们完全可以把孩子送到 SOS 儿童村,使孩子获得那里"妈妈"的家庭护理和照顾。儿童村还设有一个幼儿园,在这里,学龄前儿童可以得到照顾。在吉布提,SOS 儿童村给孩子们提供四个方面的家庭关爱。第一,儿童村保护孩子。除了本身较为安全的居住环境之外,儿童村还从人文方面关心和保护孩子。儿童有权得到保护,有权感到安全。SOS 儿童村不允许存在任何形式的剥削、忽视或侵犯儿童隐私的行为。儿童村致力于为每一个孩子创造和维持一个充满人道主义关怀的环境。第二,儿童村提倡尊重儿童的权利。儿童也是一个独立的个体,不应该受任何人的支配和控制,他们应该有自己独立自由的生活环境,

---

① 袁野,清华大学建筑学博士,亚洲建筑师协会社会责任委员会委员,中国中建设计集团副总建筑师,中建工程设计有限公司总建筑师。

有平等的权利得到照顾和保护,过上不受虐待和伤害的健康生活。SOS儿童村在全球、国家和地区层面捍卫所有儿童的这些权利。SOS儿童村积极采取行动,放大儿童的声音,让他们站在决策者能够听到的地方,与各国合作伙伴一道,帮助失去父母照顾的儿童得到保护并确保他们的权利受到尊重。吉布提SOS儿童村积极开展国际合作,在全球范围内寻求帮助,相互支撑,使每个儿童和青少年及其家庭都能得到他们所需的照顾和支持。通过倡导维护儿童的权利,儿童村使所有的孩子都可以成为最坚强的自己。除此之外,儿童村为儿童构建了一个可持续发展的未来:他们将儿童和青年放在可持续发展目标行动的中心位置,认识到每一个儿童在未来都有可能参与实现地区乃至世界的可持续发展。第三,儿童村为每个孩子的个人未来发展保驾护航。虽然政府近年来在教育上进行了大量投入,但人口的快速增长意味着资金还不足以保障所有孩子的教育。此外,大部分家庭面临着经济压力,这意味着许多人无法支付孩子的教育费用。儿童经常被送出去工作,以增加家庭收入。由于父母努力维持生计,孩子们缺乏健康发展所需的一贯支持,这些孩子中有许多最终失去了父母的照顾,在监护人缺失的情况下很容易受到剥削。在吉布提农村地区,教育设施严重缺乏,因此孩子们不得不来到市内学习小学以上的课程。虽然没有父母照顾的儿童可以免除学费,但其中只有31%的儿童定期上学。在教育方面,女孩尤其处于不利地位,因为比起去学校接受教育,她们在家照顾弟弟妹妹对家庭创造的价值更大。因此,SOS儿童村致力于给孩子们提供平等受教育的机会。儿童村采取的是以儿童为中心的教育模式。他们认为任何儿童都不应错过优质教育或培训,这些教育或培训可以满足儿童的个人需求,从而开发儿童的潜力。吉布提儿童村与世界各地的儿童村共同努力,让每个孩子都能在教育和生活中获得尊重。他们尊重每个孩子的天赋、能力和需求,认为优质的教育和基本的培训是未来孩子成才的关键。儿童村为接触到的每个孩子打开了教育这扇新世界的大门。第四,儿童村保证孩子们在紧急情况下不受伤害。众所周知,儿童在紧急情况下最容易受到伤害。当灾难发生时,SOS 儿童村能迅速行动起来,第一时间保护和照顾儿童。吉布提 SOS 儿童村承诺:"我们会一直帮助孩子们渡过难关,重建他们的生活。"儿童村给每个需要照顾的儿童提供了一个充满爱的家,并给予他们健康快乐的成长环境和正确的人生引导。

总的来说,首先,SOS 儿童村起到了"家庭支持"的作用。经济方面极度困难的家庭难以照顾他们的子女,因此儿童村与家庭和社区合作,在照顾孩子的同时,帮助孩子培养各方面的能力,在减轻家庭养育负担的同时,也让每个孩子享受受教育权。其次,SOS 儿童村还起到了"替代性照顾"的作用。儿童村致力于为那些不能继续与父母一起生活的孩子提供高质量的照顾,确保他们获得较高标准的家庭照顾,并与政府和社区合作,不断优化"替代性照顾"模式。除此之外,社会各界爱心人士也会以捐赠赞助或者助养的方式来帮助儿童村。捐赠包括通过任何方式对指定对象或者整个儿童村进行物质上的支持,也包括定期为孩子们设立奖学金或者购买保险等;助养指的是与一个家庭或者几个孩子建立助养关系,并与其建立经常性的联系,进行定向捐款赠物等。

在儿童村,"妈妈"们同时扮演着母亲、老师、朋友三重角色,她们尽可能地为孩子们营造愉快、和谐的家庭氛围,创造良好的学习环境,带他们体验生活的乐趣,让他们真切地体会到母爱和家的温暖。"妈妈"偶尔是"孩子王",和孩子们打成一片;偶尔又露出严肃认真的神态,严厉但又亲切温柔地教导孩子们;更多时候是面带笑容,演绎着慈母形象。"妈妈"是家庭中孩子们的精神支柱,她有责任让孩子们相信自己和 SOS 儿童村外的孩子没有什么不同。但是并不是任何一位单身女性都能进入儿童村担任孩子们的"妈妈"。担任"妈妈"的首要条件是单身且年龄不能低于 20 周岁,必要条件是发自内心关爱每一个孩子且热爱 SOS 儿童村事业,自愿从事 SOS 儿童村的"妈妈"职业。儿童村的"妈妈"因为要承担教育孩子的责任,所以除了身心健康、温和开朗等基本要求外,还必须具有高中以上学历并且有教育儿童和管理家庭的能力和经验。自儿童村成立以来,"妈妈"的招收对于年龄的要求有所放宽,不再仅限于 35 周岁以下。据了解,甚至有女性为了进入儿童村为社会和孩子做贡献而不惜放弃自己的家庭。由此可见,想进入儿童村成为一个家庭孩子的"妈妈"也是极为不容易的。

　　"以爱为中心,用所有爱心、耐心去疼爱孩子,这是我们在 SOS 儿童村的生活理念!"吉布提儿童村创建之初招募的首批"妈妈"把自己最美好的青春和全部的爱都无私奉献给了那些和她们毫无血缘关系却叫她们"妈妈"的孤儿。为人父母后,方知培养孩子的辛苦。她们不仅要照顾孩子们日常的饮食起居,还要像千千万万名亲生父母一样,做孩子人生中第一位也是最重要的导师。"妈妈"们不仅重视孩子们的教育,不断学习探索科学有效的教育方式,还致力于塑造孩子们积极向上的性格,努力挖掘他们的优秀品质,根据不同孩子表现出的性格特点,个性化地培养他们的特长。除此之外,"妈妈"们对不同年龄段的孩子该采用什么样的教育方式都有独到的见解,因为她们明白,对 SOS 儿童村的孩子来说,最重要的是消除他们的心理障碍,走进他们的内心。到了学龄阶段,他们可以在 SOS 社区学校入学;步入青年期后,他们就要离开儿童村,搬迁至 SOS 青年公寓居住,直到学会完全独立并走向社会才可以离开青年公寓。但是这并不意味着独立进入社会后,这些孩子就完全脱离了儿童村。逢年过节,在外求学或是已经工作的孩子们都会回家与自己的"妈妈"和"兄弟姐妹"团聚。一位"妈妈"说道:"那是我人生中最开心的时刻,孩子们都回到我身边了,看着他们学有所成,有一技之长,我真的很欣慰!"不难发现,在吉布提 SOS 儿童村里长大的孩子们不仅没有自卑心理,还普遍乐观向上、勤劳朴实,他们在步入社会后往往心怀感恩,投桃报李,在各行各业默默地奉献着自己的力量。

国际 SOS 儿童村组织主席赫尔姆特·库廷表示:"任何孩子都不应该独自成长。遗憾的是,据估计,全球有十分之一的儿童在成长过程中得不到他们需要的关爱。所以,SOS 儿童村非常有存在的必要。"

在国际 SOS 儿童村组织的领导下,吉布提这些曾经遭遇不幸的孩子的合法权益终于可以得到保障,他们像正常家庭的孩子一样,也能充分享有医疗保障、教育就业等应有的权利。而且在社会各界爱心人士的帮助下,他们的物质生活也得到了有力保障,偶尔到来的志愿者也给孩子们带来了不一样的社会体验。在儿童村内"妈妈"们的悉心照料和全面教育下,这些孩子得以在德、智、体、美、劳等多方面有所发展。

近年来,公益事业越来越受到社会各界的关注和广泛支持,而 SOS 儿童村就是全球性公益事业的一个绝佳例子。第一次听到"儿童村"这个词的时候,很多人想到的词可能会是可怜,但是事实并非如此。SOS 儿童村是一个建设完备的小社区,对我们大部分人来说可能是一个很陌生或者很遥远的名词,但是对一些地区的家庭以及孩子来说,它却是一种救赎。

SOS 儿童村让家庭困难的家长能放心地把孩子托付在这里，也给所有被托付进来的孩子一个真正意义上的"家"，儿童村给这些孩子提供关爱和替代性的照料，对这些特殊的孩子来说，从小 SOS 儿童村便是他们的依靠。"妈妈"们也都经过专业化的培训，她们对待每一个孩子都像对待自己的亲骨肉一般，她们能给予孩子们不是亲妈却胜似亲妈的感觉，她们坚信：只要有爱，孩子们就不孤单。在儿童村，"妈妈"就像一盏明灯，照亮了孩子们前进的路；同时，孩子们也是"妈妈"的幸福源泉。"妈妈"先进的教育理念在孩子们心中种下了爱的种子，让儿童村的孩子从小就怀着感恩之心。孩子们会给"妈妈"端茶送水，共同分享食物，体谅"妈妈"的不容易，有时还会说一句"妈妈辛苦了"；反过来，"妈妈"也从孩子们的一言一行中收获了真心实意、刻骨铭心的爱。孩子们长大后独立离家时，为了不让"妈妈"伤心，也会说上一句"妈妈，您放心吧，您也要记得照顾好自己"。孩子们外出时，会主动打电话提醒"妈妈"关注天气变化并注意休息。逢年过节，在外的孩子们会以各种各样的形式给"妈妈"以及仍在儿童村中的孩子送来最亲切真挚的问候。孩子们简单的一言一行，印证了"妈妈"们无悔付出的决心，也是她们继续付出的强大动力。在这里，每个孩子都是独立的个体，虽然一个"妈妈"可能会照顾不止一个孩子，但是她给予每个孩子的爱都是平等的。所有的孩子在这里都能得到相同的关爱和保护，没有一个人会被落下；每个孩子在这里都有发声的权利，不会因为没有监护人而失去相应的表达和献计献策的权利；每个孩子在这里都能接受平等的教育和培训。SOS 儿童村不仅仅是孩子们安身安心的"家"，也是孩子们学习知识的学校，更是孩子们步入社会的奠基石，在保证孩子们健康成长的同时给予他们相应的教育，助力他们成长成才。每个孩子在这里不用担心任何紧急情况的发生,SOS 儿童村是国家和政府支持的儿童救助组织,在这里的孩子的安全受到绝对保护。简单来说,儿童村的真正意义就是给社会上需要帮助的孩子物理上的庇护和心灵上的关心与支持,温暖这些孩子的心房,让这些孩子露出发自内心的笑容。SOS 儿童村是一个小小的群体、大大的家庭,是一个不缺少爱的地方。在这里,每一张面孔上都写满了爱心与奉献,所有人都在以绵薄之力帮助着这群特殊的孩子。SOS 儿童村一直在努力,为改善一代又一代儿童的生活奋斗不止。

　　世界上的每一个人都是渺小的,但如果我们团结起来去温暖那些需要帮助的人,那我们的力量就是巨大的。

下篇

# "骆驼刺"和非洲"酋长"

在吉布提港口经贸区,货物上上下下,工作人员来来往往。得天独厚的地理位置赋予了吉布提港口巨大的发展潜力,然而真正唤醒这份力量的,是一群展现着"骆驼刺"精神的中国人。正如温带沙漠和草原沙地养育了具有独特生存能力的骆驼刺一样,中国人骨子里顽强的韧劲儿也培养了宝业集团①海外党支部代代相传的"骆驼刺"精神,推动着他们在非洲不断创造奇迹。

什么是骆驼刺?骆驼刺枝干上多刺,叶子呈长圆形,花朵是粉红色,6月开花,8月最盛。骆驼刺的根系十分发达,一般长达10余米,可以从沙漠和戈壁深处吸取地下水分和营养,是一种自然生长的耐旱植物。这种植物因为茎上长着刺状的坚硬小绿叶,故称为骆驼刺,是戈壁滩和沙漠中骆驼赖以生存的食物。骆驼刺在极端的自然环境中坚韧不拔,犹如沙漠玫瑰一般绽放自己的美丽,张健②这位企业家身上也传承着这样的精神。他心中有家,更有国;他从未停止对家的思念和爱,也从未辜负祖国的期待。

---

①　宝业集团股份有限公司创建于1974年,前身为绍兴县杨汛桥人民公社修建服务队。

②　宝业集团股份有限公司重组湖北省建筑工程总公司旗下的12家企事业单位,成立了宝业湖北建工集团有限公司。张健时任"宝业湖北"下属公司吉富公司的总经理。

　　几乎对每一个男人而言,"爸爸"这个身份都是神圣而充满使命感的。爸爸们初次看到怀中的小生命时,仿佛倾泻出了这一辈子的温柔。他们是那么欣喜,又是那么紧张,脑子里早已出现过数十遍和孩子一起成长的未来片段。张健也是如此,他也想做一个幸福且有责任感的爸爸,可是他还来不及去兑现陪伴儿子人生每一阶段的诺言,就在 1995 年随集团奔向了吉布提——那时他的儿子才出生一月有余。事实上,这不是张健第一次远赴非洲。早在 1988 年,他就以随队翻译的身份去过北非。那一次是跟着医疗队去的,这一次是跟着建筑工程队去的。

　　"非漂"近 30 年,他带领集团承建了吉布提人民宫、国家银行、国家医院等重要援非项目。其中比较难啃的"硬骨头"当数塔朱拉新港口建设项目。为什么难啃?内部因素包括张健本人的"业务不熟练",即在此之前他从来没有过任何港口建设的经验,但是秉持"与势皆应,博源助力"的企业文化理念,他们接下了吉布提政府的这份厚望。外部因素有以下两点:一是吉布提当地酷热少雨的气候以及频繁的涨潮给工程实施和作业环境带来了不小的挑战;二是从经济效益出发,材料运输的各种考量和方案修正带来的巨大压力也令人很难承受。但他们坚信方法总比问题多,面对经验的匮乏,张健怀着最大的谦卑,向各地大师请教。人是无法驾驭自然的,但是可以改变自己,适应环境。面对这一切看似不可能,张健选择了"熬",熬过一个个酷暑,习惯无休止的汗流浃背,习惯风餐露宿的工棚日常。吉布提每年仅有 11 月到 12 月中的 40 天左右潮位足够低,适合开工建设,日均也只有 3 小时。对此他选择"争",和这海潮争夺每分每秒。计划赶不上变化,原先为期一周的围堰浇筑期必须缩短至 3 天。在和时间争夺的战场上,张健和员工们多次调整班次和作业系统,收获了最后的胜利,如约完成工期承诺——他们也收获了每日脚上的"红包",但是做了相应消毒消炎处理后第二天继续坚毅地踏入海浪,直到潮水涨到实在无法继续工作才离去。人力、物力急缺也难不倒张健团队。他们集中智慧,一方面修改材料计划,另一方面巧妙利用当地资源,培训当地员工。无疑,这是一次艰难的战斗,但也是莫大的里程碑。为什么在非洲建设工程这么困难?当地的地理环境和自然条件让吉布提人民无法找到一个适宜的生存环境,资源的匮乏使吉布提所有的物资都要从外部进口。所以在非洲,工程材料的采购成本就足以让许多企业望而却步,更别提施工条件完全靠天,没有足够的耐心、资本和技术,想要在非洲从事基础设施建设行业,简直是难于上青天。但是当这些看似难以解决的困难遇上坚韧不拔、吃苦耐劳的中国企业家时,终究还是"人定胜天"。张健团队排除万难,兵来将挡,水来土掩,关关难过关关过,一个个问题的迎刃而解,让他们越来越有干劲。开工、竣工仪式,吉布提总统和总理均出席。在仪式录像里,表演节目的吉布提民众脸上都洋溢着自信而幸福的笑容。正如张健先生所说,他带领着企业,为吉布提的发展、为吉布提人民尽了微薄之力。他所说的微薄之力,却被吉布提人民视为洪荒之力。

　　近 30 年来,张健只见过寥寥几次的老家新年红灯笼。有时候他也会久久凝视着办公桌上发黄的相片,但抬起头,他知道他还要继续完成使命,要在这片贫瘠的土地上牢牢扎根,让希望和梦想生长。骆驼刺根长 10 余米,靠一点点空气就能生存下来。张健埋下了闪耀的"骆驼刺",最终由吉布提总理亲自为他佩上吉布提骑士勋章,于 2016 年功成身退,离开吉布提。那一天,吉布提权威报纸《民族报》的头版头条是张健和吉布提总理握手的相片。新闻中有这么一句话:"吉布提人民的朋友,张健……""朋友"这个词,是吉布提人民对张健先生发自内心的喜爱和尊重的体现,也是对张健带领吉布提人民建造一系列建筑的认可和感激。他做到了,把最初的根,扎在吉布提,牢牢扎在这片充满爱和希望的土地里,等着下一批"后浪"浇灌。正是这样一批又一批人的不断努力,才浇灌出中吉良好的合作之花,更是给后人提供了中吉合作的范例。张健团队就是先行者,正是他们身体力行的铺垫,才让后来中吉双方的合作越来越坚实。

踏着历史的足迹前行,循着模范的脚印攀登。他们来了,他们是一批又一批的宝业集团海外党支部党员。他们继承并发扬了张健的"骆驼刺"精神,肩负吉富公司的使命与担当,为光大中国人民和吉布提人民日益深厚的情谊而不懈奋斗。2015年也门撤侨,吉富公司协助驻吉中资企业商会完成了600多名侨胞的接送和临时接待,这也成为电影《红海行动》中援助撤侨场景的原型。在新冠疫情暴发时,时任总工程师的冷锋川和副经理冯刚两名党员带着几名员工在吉布提解封的第一时间飞回吉布提,成为援非队伍中勇敢的"逆行者",他们是不忘初心、充满干劲的新一代"骆驼刺"!这些"骆驼刺"失去了很多,也创造了很多。2018年塔朱拉港口重大工程荣获中国建筑行业工程质量最高奖——鲁班奖。可是面对众人的夸奖和赞美,已经离职回国的张健依旧带着他最大的谦卑表示那是整个团队的荣誉——他是那样无私,是那样奋不顾身。

收起回忆,旋转镜头,仔细看看,港口的货物满满当当,都是出口全球各地的商品,是属于吉布提人民自己的财富。那些步履匆匆的工作人员,也被这不屈的"骆驼刺"精神熏陶着,在每一份努力中找寻人生的价值和幸福。

正是因为有了像吉富这样的企业的一次次飞跃和成功,中国的名片才能不断被刷新。我们不会忘记,是怎样的一群人,不折不挠,用青春,用血汗,用所有的爱,书写这张国家名片。

其实像张健这样有责任、有担当的中国企业家还有很多,但并不是每个人都像他这样幸运,从一开始就备受期待,一路有"鲜花"和"掌声"相伴。有这样一位非洲"酋长",坚持用自己的行动,践行中国形象,做一个"大写"的人。

2000 年,24 岁的何烈辉带着加纳驻华大使馆的人员逛某地夜市时,夜市上的人一哄而上,围观这一群长着不同面孔、拥有不同肤色的人,这让主宾双方都非常尴尬。就在几个月后,同样的遭遇也降临到何烈辉身上。当走在尼日利亚首都阿布贾的大街上时,他也被众多当地人当作"动物园里的猴子"一样围观,这也令他哭笑不得。他深知,造成这种局面还是因为中非双方交流太少。

其实中国与非洲的友好往来早在 60 年前就开始了,那时周恩来总理首次访问非洲十国,正式开启了中非破冰之旅。虽然国家官方的合作与交流融洽,但是对普通百姓而言,非洲还是陌生的。何烈辉曾经也和大多数国人一样,觉得非洲是一个非常贫穷落后的地方。所以第一批前往非洲的人是多么难能可贵,他们克服的不仅仅是自然地理的障碍、风俗习惯的差异,同时也克服了心理上的落差,即使困难重重,也要用自己的行动为中非两地的合作和交流留下宝贵的经验。

刚到非洲,到处都是低矮的房屋和黑漆漆的树影,荒芜的沙漠带来的是无尽的寒冷和令人窒息的恐惧。何烈辉在飞机上俯瞰的时候就被眼前的这一幕震惊了,这不仅仅是非洲带给他的最初印象,同样也是这片土地赋予他的神奇力量,他知道在这片土地上,会有很多新鲜的事情在等着自己。

何烈辉下了飞机,眼前的一幕却让他大跌眼镜。加纳的飞机场竟然还不如自己家乡诸暨的火车站大。机场冷冷清清,也没有人来接机,过了很久,才有一名国际货币基金组织非洲局的员工帮他找到一个落脚地。事先没有做任何计划的何烈辉来到这里纯粹是为了给在博茨瓦纳做生意的父亲帮忙。

　　因为一直没有签证,所以何烈辉选择来到加纳。作为非洲最古老的国家之一,这里盛产黄金,但是因为地处偏僻,气候极端,所以很少有人来这里淘金,这里也被称作贫穷的"淘金之都"。可能是何烈辉骨子里有一颗想要好好创业的心,所以全身上下只有600美元的他就这样踏上了自己的未知之旅。但是计划总是赶不上变化,当晚,光住宿就花掉了他三分之一的盘缠。第二天,他马上换了一家廉价的宾馆,不然生意没有做成,自己倒要先赔进去了。那时黄金和可可正在暴跌的加纳,对何烈辉而言是一个很有挑战性的存在。所有的东西都在暴跌,那什么领域拥有好前景呢?何烈辉充分运用他的商业头脑,对相关地区的很多商品进行考察,看看现阶段到底适合售卖哪些产品。加纳的商品比国内的要贵很多,一块砖头的价格要比国内高出20倍。经过深思熟虑,何烈辉打算在这片土地上售卖的第一批商品是他爸爸给他的一个集装箱的T恤衫。他想凭借自己的商业天赋在非洲土地上闯出一片天地来。这批货不是父亲送给他的创业基金,而是让他自己去售卖,盈利之后要把本金还给他父亲的。不幸的是,这批货恰巧被扣在了海关,原因是毫无海外经商经验的何烈辉不知道有"进口关税"这回事,想要拿到这批货,就要清关税。

　　但是当时,何烈辉连关税的零头都无法付清,就算借遍了所有朋友,还是没法将这批货清出来,运到市场上来卖。

　　所以何烈辉想了一个办法,每次只清理一批货物,卖掉一批货物后再去清下一批货物的关税。但是事与愿违,加纳当地的消费能力实在是太弱了,当地人没办法很快消化何烈辉带过来售卖的货物,以至于售卖获得的钱还不够何烈辉在加纳衣食住行的开支。

何烈辉由于经验不足产生的判断失误,导致初来乍到的他没有做出正确的选择。本以为国内常见的物品在这里售价如此之高,自己可以大赚一笔,但是他错了,加纳如此低的购买力导致这里不是一个理想的市场。对何烈辉来说,这无疑是一次巨大打击。来非洲前的他兴致勃勃,将非洲视为遍地机会的土地,一想到要在非洲大展拳脚,释放自己的商业才能,他就激动不已。但不幸的是,现实给了他当头一棒,本想靠自己的他最终还是接受了父亲的资助,但他依旧没有放弃,一直在寻找着出路和解决问题的方法。

那时候的加纳经济一度非常低迷。因为人民收入不高,购买力非常弱,外国企业无法很好地在当地拓展业务,销售的路径也就很难打开。正是因为"卖不出去"这个困难,日积月累,仓储竟也成了一笔不小的费用,所以,对何烈辉来说,加纳已经让他失望了,他打算换一个地方重新开拓市场。

正在这个时候,一个客户介绍他前往尼日利亚。在这个客户的口中,尼日利亚是一个欣欣向荣、市场前景好的国家,虽然和其他非洲国家一样,不是很富裕,但是人民非常勤劳踏实,善于用自己的双手创造财富。就这样,何烈辉心动了,他决心放弃加纳这个市场,转战尼日利亚。也许是在一次又一次转战的过程当中,何烈辉找到了真正适合自己的地方。也是在不断栽跟头的过程中,他才越来越熟悉这片土地。

一个好的市场,造就了一个好的商人,一次次的实战经验,让何烈辉逐渐成长为一个经验丰富、游刃有余的商人。他的第一个大客户就是被他的诚心感动,才签署了订单。

这笔订单的总价高达 70 万美元,是一批纺织品,但是由于这批货在质检时显示质量不过关,何烈辉需要赔偿对方20万美元。何烈辉虽然不懂面料,但是他清楚地知道自己这批货的质量确实不高,于是他便扛下这个责任,主动提出赔偿对方。

命运没有捉弄这名诚实守信的商人,这批亏本的大额订单竟然成为何烈辉经商之路上的一个重要转折点。对方深深地被何烈辉高尚的品格所打动,中国人的诚信精神给这位客户留下了深刻的印象。在接下来的几年中,他给何烈辉介绍了一批又一批源源不断的新客户,为何烈辉未来的经商之路打下了坚实的基础。何烈辉抓住了这个宝贵的机会,将生意做到了更多非洲国家。

何烈辉没想到,商场上也有真心相待的朋友。2002年,尼日利亚的军火库发生爆炸。当时何烈辉恰好就在客户的车上,爆炸让大地震颤不已,气浪不停地摇动着车辆,车外不断传来人们的惨叫声。在如此混乱的场景下,客户并没有舍弃何烈辉逃离现场,而是选择保护好他,多亏了这位客户的掩护,他成功躲过了一劫。像这样惊险的遭遇不是头一次,当然也不会是最后一次。何烈辉曾经为了见客户穿越时常有野兽出没的原始森林,也曾经差点被人群中的流弹击中,他乘坐的飞机甚至还和别的飞机相撞,断了机翼。然而这些可怕的经历都没能让他心生退意,在何烈辉心中,虽然在非洲经商、生活有很多困难,但是当地的人勤劳质朴、勇于追求美好生活的精神品质深深打动了他。对何烈辉来说,他看到的始终是这个地方美好的一面,因此也更加坚定了依靠自身努力来改善一部分非洲人生活的决心。也正是这样淳朴的心愿和如此积极向上的态度,才让何烈辉受到了非洲人民的爱戴,因为何烈辉让他们感觉自己不被歧视,自己的诉求终于被看到。非洲之旅带给何烈辉的困难和艰辛都化作他对这片大陆纯粹的热爱,也厚植了非洲人民对他的爱戴之情。

　　然而一些人对非洲依然有偏见。大家都不理解为什么何烈辉要在非洲经商,只觉得他是为了可观的利益,还经常调侃他是在非洲卖衣服的。正是这种偏见,导致中国不少企业哪怕面临产能过剩的局面也不愿意转移去非洲解决当地的生产问题,想要在非洲发展先进的产业,更是难上加难。

　　看着自己的企业不断走向正轨,何烈辉开始将眼光放长远。除了产品的质量、客户关系的维护之外,他也开始关心非洲人民,思考在人类命运共同体的背景下,他能为非洲带来什么。

　　多年前,何烈辉曾经是非洲某国副总统的座上贵宾,那位副总统和他说,他不会忘记中国对他们国家的帮助,特别是在20世纪非洲独立浪潮中,非洲各国都受到了中国的很多帮助。但是在近几年的餐桌之上,当谈及中国对非洲的援助时,年轻的非洲部长们却没有表现出真挚的感动,相反,他们都觉得中国的帮助不会持久,也不会白给。何烈辉开始意识到,一件很现实、很残酷的事情摆在我们面前:上一辈好不容易建立起来的中非友谊,正在逐渐褪色,而如果新一代的中非关系不尽快建立,等老一辈的政治家退出舞台,非洲将会和我们渐行渐远。现在的非洲更加多元,更加开放,同样也更加现实,中国的企业家在非洲充满了危机感。新的中非关系应该何去何从? 没有身在其中的人是不会思考这样的问题的,也正是何烈辉在非洲的长期坚持,才让他有这样的思考。真正的中非友谊和未来的中非关系如何才能获得长久的发展? 这是他一直在关心的问题。很显然,只有推动新一代双方人民更进一步交流,才能让中非的友谊一直延续下去。

　　其实每一个站在这片土地上的人都能为这段关系写上历

史性的一笔，就像每一个来非洲的中国人一样，都会成为中国形象在非洲的一个生动写照，一个中国人在非洲人眼中是怎样的，中国的整体形象在非洲人民心中就是怎样的。何烈辉在非洲曾经听到过很多关于中国商人的负面评价，譬如说中国人只认钱，或者是中国人不讲情义只讲利益。何烈辉懂得，所有的财富应该取之于民用之于民，赚来的钱应该要用来回报社会。为了非洲人民的幸福生活，以及中国企业在非洲的长久发展，在非洲创业的中国人要有一定的思想觉悟，在企业快速发展的时候一定要考虑当地实际情况，利用自己企业的优势为民纾困、为民解难，这样才有利于国内企业在非洲的可持续发展，让当地人民真正感受到中国企业的"温度"。何烈辉深刻地明白这个道理，他真正做到了帮助中国企业在非洲实现长远发展，也成功帮助非洲本土企业步入发展正轨。他被誉为"中非交流的民间大使"。然而他追求的绝不是这样的头衔，他想要的是中非友谊长久发展，非洲人民尽早过上安定的生活。他因为在这条路上坚守着自己的信念，所以才收获了独一无二的鲜花和掌声。

2004 年，何烈辉被尼日利亚政府冠以"酋长"头衔。这个头衔即使是本国人想获得都难如登天，只有为当地做出卓越贡献的杰出人才，才能获得这个荣誉称号。如今，它却颁发给了一个外国人，由此可见，何烈辉真心实意的付出得到了政府的认可。

2002 年，何烈辉创办了达之路国际控股集团。"达之路"三个字寄予了他"通达世界"的美好愿望。现如今，何烈辉这个"通达世界"的梦想，正在一步步实现。无论这条"通达世界"的路多么坎坷，他始终相信自己的选择。他坚信只要中非之间的友谊长久地维持下去，就会有更好的未来。

比何烈辉的成功经商之路更加难得的是，他始终不忘初心,心怀天下,兼济天下。正是因为许许多多心怀天下的人的存在,中非建交几十年才得以结出累累硕果;正是因为这样善良的人的存在,非洲国家才能实现飞速发展;也正是因为这样的心怀和度量,更好地体现了人类命运共同体,国与国之间才能和平共处。这位非洲"酋长"带给了中非两地别样的生命力,他的努力让中非政府关系和人民关系更紧密了。

但是,挑战也随之而来。数十年来,我们国家出资援建了非洲当地不少基础设施,我们为他们铺路修桥,不论是我国的技术工人还是医疗团队,都数十年如一日地在非洲兢兢业业地工作。但是这些真诚的付出最后换来的不全是正面的评价,一些负面的言论开始兴起。

这是对中国形象赤裸裸的妖魔化,根本原因在于我国文化软实力的影响力不够大。尽管我们有五千年的中华文明史,但中华文化对非洲大陆而言,传播力和影响力有限。这主要是因为中非两地不同的发展历史和语言文化差异。因为西方国家长期对非洲的殖民统治,让被殖民的国家对大国产生了自然而然的害怕和担忧,所以它们在接受我们帮助的时候,本能地觉得我们是为了殖民统治和掠夺它们才提供所谓的"帮助"。但实际上,我们提供援助体现的是一个国家帮助另一个国家实现美好愿景的不求回报的行为,体现的是全球化背景下人类命运共同体的意识。我们中国人的骨子里没有掠夺和竞争,有的只是对他人进行无偿的帮助和支持。然而,想要消除非洲人民的担忧,仅仅依靠我们单方面的解释是没有用的,更重要的是要让当地人民认可我们提供的帮助,所以到非洲援建基础设施,中国一直尊重非洲政府和当地人民的诉求,只负责提供技术、资金和人员,绝不附加任何条件。值得庆幸的是,国内有一大批想要为非洲国家建设出力的人,他们前赴后继地来到异国他乡,坚持中方的援助立场和原则,慢慢开始消解这种误会。

　　那么在新时代,我们应当采取怎样的措施,才能减少中非双方误会,进一步巩固和发展这来之不易的中非传统友谊呢?

　　要维护、发展、延续良好的中非关系,我们首先需要一批有着高理论水准的"非洲通"帮助当地的中国人创业,同时协助他们和非洲本地人建立良好的信任关系。他们可以来自各个领域、各个行业,但必须有对非洲强烈的热爱之情和助人之心,因为只有真正想要帮助他人、热爱非洲国家的人,才愿意深入这片大陆,走进陌生的国度,了解非洲各国社情民意。经过长时间的沉淀,才能够"知己知彼"。只有心怀热爱的人,才能以己度人,知道非洲人民处在怎样的水深火热中,也更加迫切地希望非洲人民能够抓住发展机会。多亏了这些心怀大爱的人,让越来越多的非洲民众看到了中国援助他们的初心,继而放下戒心,接受中国的帮扶。也正是这些为中非关系不断努力的人,让全世界对发展中国家同样有能力承担国际责任、履行大国义务表示认同和支持。

　　同样,在非洲的中国企业家也应当积极地履行社会责任,要深刻明白财富只有用之于民,用之于社会,才能实现良性循环。这些年来,我们在非洲建立企业、开展贸易、进行多边合作的同时也积极地践行我们的大国义务。我们援建基础设施、保护当地环境、创造就业机会、促进技术转移、设立慈善基金等,这些举措都得到了非洲政府和人民的充分肯定。

　　中国与非洲的关系也将在一代代的人的双赢合作中越来越好,越来越有希望,越来越值得期待。

# 山川异域，风月同天

　　教育事业是强国之本，中国的企业、院校、组织等在教育上一直体现着人道主义援助精神，致力于打造人类命运共同体。2015 年 9 月，第 70 届联合国大会通过了《改变我们的世界——2030 可持续发展议程》的成果文件。该议程提出了 17 个可持续发展目标，"确保包容和公平的优质教育，让全民终身享有学习机会"这一条就在其中。

　　这是时代背景，更是世界潮流。美国第一位非洲裔总统夫人米歇尔·拉沃恩·奥巴马在第一次正式访问英国时，曾做过一次关于女性教育的演讲。在演讲中，米歇尔多次提到优良教育的意义——她告诉落后地区的学生们，接受良好的教育，他们将会谱写时代新的篇章。正如陶行知①先生箴言所述"教育能造文化，则能造人；能造人，则能造国"②，若欲强国，难舍教育。国是千万家，更有千千万万人。人民综合素质上来了，何愁这个大群体的整体实力不稳固？站在华夏大地望去，山头飘扬的是"扎根"在"希望小学"③的红旗，溪涧淌着涓涓慈善的细流，

---

　　①　陶行知（1891—1946 年），教育家、思想家，1920 年任中华教育改进社总干事，推动平民教育运动。

　　②　《陶行知全集》第一卷，四川教育出版社 2005 年版，第 219 页。

　　③　希望小学是社会上的一种公益活动，目的在于通过援助资金、物资等有意义的活动，帮助落后省份、市、县、乡镇等地方建校办学，或对接贫困学生，或长期在教育教学方面全面帮助提高，以此给一个地方带来希望与梦想。

伴着琅琅书声——这是向往读书的学生们和关心教育事业的全体中国人共奏的华美乐章;回头看去,街巷里义务教育阶段孩子们背着的,不是沉甸甸的课本,而是充实的学习成果,是国家未来的希望。随着时代的发展,我国的教育政策也与时俱进,2021 年"双减"政策的实施,顺应了广大家长的呼声,也为孩子们提供了更加健康的教育。

　　米歇尔用铿锵有力的声音把那些质朴的道理镌刻在每一位听众心里,她传达了一个观点,即一个集体的松散与否和其中的男女性群体是否能尊重彼此对社会的贡献息息相关。就此而言,吉布提的教育的确是熠熠生辉。每一寸乐土上的人民都能发出自己的声音,汇自各方,源从众口。吉布提政府认真地聆听着"她们"的声音。我们看到,吉布提的女性越来越有自己的力量。在吉布提现任政府官员中,有妇女促进和计划生育部部长穆米娜·胡迈德·哈桑,住房、城市规划与环境部部长级代表阿明娜·阿卜迪·亚丁和负责社会事务的国务秘书穆娜·奥斯曼·亚丁等女士们。这张名单,写的不仅是名字,更是吉布提多年致力于教育公平,加强高等教育,促进公共、准公共以及服务人员在技术和研究领域的能力的生动写照。因为公平教育,吉布提才能做到在《消除对妇女一切形式歧视公约》六大方向上"逐一击破",才能不断解决历史和风俗遗留问题。吉布提所做的一切,不仅让女性力量都"掷地有声",绽放绚烂的花朵,惊艳世界,更是给了所有渴望知识、渴望学习的人民一片学识的汪洋。

　　十年树木,百年树人,教育的发展从来不是在一朝一夕间就能盖起高楼大厦。只有当我们回看吉布提的教育发展史,才能更加深刻地体会到他们付出了多少努力,才能更加清晰地看到一路走来吉布提的变化与成就之大。

　　因长期的"殖民地"标签,吉布提一直没有在文化教育上投入太多,2014 年吉布提人口文盲率约为 30％;加之独立后国内局势动荡,经济发展缓慢,导致教育事业一直无法得到发展。吉布提实施 6 年初等义务教育(小学)和 7 年中学教育,儿童 6 岁开始上学。吉布提 70％的小学是公立学校,30％为罗马天主教学校。小学课程设置与法国学校的课程设置相同,还会另设伊斯兰教宗教课。吉布提在独立初期沿袭了法国的教育制度,使用与法国相同的教科书。2000 年教育改革后,其教育体系分为基础教育、中等教育和高等教育。

　　近年来,吉布提在教育发展领域奋起直追,而中国在各方面的援助,正好弥补了吉布提所缺失的人力、物力资源。中吉两国在教育事业上携手共进,我们的成果淌在历史长河中,也仁在未来展望里。

　　万事开头难,"万丈高楼"也要"平地起"。中吉双方把教育的这层地基打得很牢,援吉布提基础教育学校项目就是"脚踏实地"的稳稳一步。

　　援吉布提基础教育学校位于吉布提首都吉布提市巴尔巴拉 PK12 区,距吉布提市区约 12 公里,拥有优越的地理位置。除了精美的外部装修,更有一应俱全的基础设施:援吉布提基础教育学校分为中学、小学两大教学类别,6169 平方米的校园分为中学、小学两大块,主要建设内容包括教学区、行政办公区、广场区、运动区、配套用房、校长公寓区等。这样的配套基础设施,无疑兼顾了德智体美劳五大教育方面。在这里,教师和后勤人员不仅工作上感到舒心,生活上更是觉得畅意。看着朝气蓬勃的学生们可以在教学楼里读书,在运动场上快意挥洒青春的汗水,他们的"桃李"在眼前已经初绽,这又怎会不是教师莫大的欢愉呢?

学校建设由湖南省建筑设计院集团有限公司负责,该项目曾被评定为"援外优良工程"。而国内企业来到吉布提援建教育设施为的绝不是名誉,而是和吉布提校方一样,期待看到吉布提学子脸上自信而满足的笑容。虽然当时基础教育设施陈旧、缺乏同类系统化综合性教育学校,但智囊团和校方心连心共渡难关,肩并肩共迎挑战,手拉手共创机遇,终于为吉布提的平民儿童打造出了优良的学习环境和先进的教育设施,和吉布提一同迎来教育新局面。

援吉布提基础教育学校旨在培养成绩优异的学生,提升学生在专业和就业方面的竞争力。有志者,事竟成;有梦者,梦成真。学校的付出很快就有了回报,教师们因材施教,培养出优秀学生,并着力提升自身的学术竞争力。没过几年,援吉布提基础教育学校已经跻身全国重点中小学行列。想必"重点"这个标签,不会是它的最终目标,也不会是其上升的瓶颈,这是回馈,是赞扬,是他们继续前进的动力,更是一阵东风,携着"中吉友谊"一路畅行。

事实胜于雄辩,中国和吉布提在基础教育之外也开展了相关合作。

在各个领域的合作中,鲁班工坊一枝独秀。鲁班工坊是中国天津率先推动实施的职业教育基地,以鲁班的"大国工匠"形象为依托,在全球需要的国家和地区开设,将中国工匠精神"漂洋过海"送至吉布提,为世界职业教育发展贡献中国智慧。经过多年的发展,鲁班工坊已经成为国际知名品牌。鲁班何许人也?在那个电还没有被发现的世纪,鲁班就已经发明了电锯的祖先——锯子;兵戎相见,城门边际,易守难攻,鲁班又自创一物名曰云梯,雄风大振,引得墨子迢迢来劝;荀子《劝学》中"木直中绳,輮以为轮,其曲中规"提到的墨绳,就是鲁班发明的墨

斗组件之一;其他的测量工具还有曲尺、刨钻铲等。公元前 5
世纪,非洲阿克苏姆帝国正在兴起,波斯帝国征服了埃及,吉布
提的"邻居"埃塞俄比亚开始有阿拉伯人混居……而中国正处
在春秋战国时期,这是百家争鸣、百花齐放的时代,正是展现中
华优秀传统文化兼收并蓄、博采众长的绝佳机会。在手工业、
建筑业都享有盛誉的鲁班,也绽放着自己的才思。华夏大地
上,古往今来,劳动人民的力量不可小觑。不过,这力量不能光
是一股脑儿的蛮力,还得琢磨些巧劲儿。工坊采用鲁班的名
字,是取了鲁班工匠精神里的巧和谦,既寓意着工坊承载着鲁
班的精神,也诚挚地希望将鲁班那份巧手巧心巧思都带到吉布
提的热土上。

　　2019 年 3 月,由天津铁道职业技术学院、天津第一商业学
校、吉布提工商学校及中国土木工程集团有限公司等共建的非
洲第一家鲁班工坊——吉布提鲁班工坊启动运行。为了建设
吉布提鲁班工坊,天津铁道职业技术学院国际交流处教师王琳
在吉布提驻守了 130 多天,"最大的挑战是天气炎热、物资匮
乏,最开心的是当地师生从不了解到最终认可了我们"。工坊
启动后,中吉双方也高度关注教学开展过程。考虑到吉布提和
中国的教育基础、社会结构有区别,需要因地制宜制定鲁班工
坊的教学课程,2019 年 12 月 2 日,中国派出铁道工程专业孙建
刚和铁道交通运营管理专业田哲涛两位教师,组成智囊团,赴
吉布提,带去那一股巧思的"泉眼",针对后续教学安排、课程内
容设置和教学重难点进行了为期 22 天的教师培训,并对鲁班
工坊教学设备进行维护保养。2019 年 5 月 11 日,吉布提教育
代表团国民教育与职业培训部总督学迈哈迪、吉布提技术教育
与职业培训局局长阿布迪卡特、吉布提技术教育与职业培训局
部门主管阿米娜、吉布提工商学校校长阿布迪一行 4 人来到天

津铁道职业技术学院,与学院党委书记、院长于忠武,副院长李志慧,纪委书记张建武及相关部门负责人就吉布提鲁班工坊后续工作的开展进行会谈。吉方代表首先感谢学院为非洲建设第一家鲁班工坊所做的努力,感谢学院围绕服务亚吉铁路建设,专门在工坊开设了铁道运营管理、铁道工程技术两个专业。之后,双方就人才培养、师资培训、专业建设、教材编撰、实践实训等方面进行了广泛深入的交流。学院也就吉方关心的培训时间、培训标准、考核认证、实践实训、课程开发和内容组织等问题进行了详细解答。吉方表示,通过交流,他们的疑惑得到了解答,他们非常满意。相信通过双讲、双练、双测、双证"四双"的师资培训模式,必将培养出吉方所急需的合格专业教师。吉方会尽快选派教师来学院参加培训,争取早日为亚吉铁路建设和运营做好人才储备工作,培养出更多铁路员工和专家。双方表示将携手努力,共同打造中非合作和南南合作的又一典范,为深入推进共建"一带一路"贡献力量。2020 年 2 月,鲁班工坊开设了计算机绘图技术、线路水准测量、工程材料应用技术、铁路线路与站场设备运用技术、铁路机车车辆设备运用技术、铁路信号与通信设备操作技术等专业课程。2022 年,吉布提鲁班工坊开展的国际化订单班,为亚吉铁路这一"东非第一条电气化铁路"输送了首批 24 名毕业生。吉布提当地教师也不负众望,在鲁班工坊专业课程教学中发挥了关键作用。他们兢兢业业,克服种种困难,认真备课,有针对性地制订教学内容,在理论授课的基础上与多家企业合作,拓展实践基地,开展实践教学,取得了良好的教学效果,让吉布提职业教育发展建设"更上一层楼"。吉布提鲁班工坊深受工匠精神熏陶,致力于服务亚吉铁路和吉布提港口经济发展,旨在通过开展学历教育和技术技能培训为吉布提培养铁道交通事业建设及经济社会发展需要的技术技能人才。目前,吉布提鲁班工坊已经完成了200多人次的短期培训,逐渐成为非洲轨道交通行业的重要人才培养基地,辐射作用越来越大。吉布提职业教育的发展,势不可挡;中吉教育事业的友好合作,如日方升。

一切都向好前进,却也遍布荆棘:疫情如晴天霹雳般砸来,整个世界面临的是巨大的挑战。秉持"少聚集"的原则,不少地区学校停课,不计其数的学生遇到不同程度的教育中断。怎么才能突破"停课不停学"的瓶颈?怎么才能在这样的形势下让教育发展这团火焰继续熊熊"燃烧"?

这时候联合国教科文组织站出来了,在它的支持和协助下,"全球教育联盟"应运而生。该组织成立的目标是努力为各国提供统一的开放性远程学习课程,有效填补全球学习连续性的空白,以此形成更加开放、灵活的全球教育系统。"全球教育联盟"共有7个成员,中国一家集团荣登一席——伟东云教育集团。中国有句古话:"有能则举之。"①那么伟东云教育集团何以"配位"呢?

作为教育集团,伟东云教育集团自身的担当能力不容小觑。在2020年的一次访谈中,该集团联席总裁兼中国区CEO张立凯先生表示公司团队马不停蹄,开始筹备和搭建空中课堂教学平台。通过向全国各地免费提供技术服务以及教学资源,团队的实践成果很快就惠及各方,缓解了疫情导致的教育中断的压力。那一年的冬天,阴霾笼罩。可是无数像伟东云教育集团一样的企业,用他们的智慧和奋斗,为学生们带去一片晴空。

更重要的是,伟东云教育集团的做法充分彰显了中国企业

①　出自《墨子·尚贤上》,意思是有才能的人,就举荐任用他。

的国际责任感。作为联合国认证的合作方,多年来伟东云教育集团一直秉持"让亿万孩子同在蓝天下共享优质的教育"的初心,让伟东云智慧教室落地"一带一路"沿线多个国家——其中,就有吉布提。

吉布提的智慧教室是什么样的存在呢?

2020年1月,伟东云教育集团代表和吉布提大学校方代表洽谈,试行智慧教室——这是吉布提课堂教学历史上的一次大事件,是吉布提全国第一次开启智慧课堂。智慧课堂恰逢其时,伟东云教育集团自主研发的教学设备工具能够助力当地学生和教师实现多种类型文件的实时共享及管理。将科技高度融入教学,为吉布提大学的师生打造了集智能教学设备、师生互动软件和学习管理平台于一体的数字化智能化教学环境,同时还能对吉布提大学教师进行数字化能力培训及运营维护方面的支持。

这是一个汇智的课堂:在教室里学习的学生,是智慧的种子,是未来的希望,无论何时何地,"少年智则国智";在教室里站着的老师,传道授业解惑,不论线上线下,皆存"日月"。实现这样一个充满"智慧"的课堂,背后离不开集多种数字化教学工具、课堂互动软件及学习管理平台于一体的数字化智能化教学环境,更离不开专业过硬和热忱满腔的设备运营维护智囊团。

伟东云教育集团为什么选择落地吉布提大学?

先看一下高等教育的大背景。吉布提教育部的《高等教育与研究战略文件2015—2019》指出了其高等教育面临的挑战。吉布提教育系统不断面临人口增长带来的压力。教科文组织下属的统计研究所数据显示,该国毛入学率从2006年的2.55%上升至2011年的4.99%。2014—2015年,有超过8000名新生进入高等教育阶段,并且这一数字正不断增加。人口的激增让教育基础设施本就落后的吉布提雪上加霜,仅仅依靠本国教育资源和师资力量无法应对,引入他国先进的教育基础设施势在必行。

再说说吉布提大学的光荣历史。1990 年,吉布提公立学校创建了 B. T. S——第一次高级培训。2001 年,在政府的大力支持下,吉布提大学成立,大学设计灵感来源于 1999 年的教育大环境,所以学校内配备了本地家庭教师的远程教育体系。2006 年,吉布提大学全面投入使用,采用学位体系(学士、硕士、博士),但一些关于吉布提教师素质和能力的质疑依然存在。到目前为止,这所大学共有 7 个学院:法律、经济和管理学院,语言和社会科学学院,理学院,技术学院,工业技术学院,工学院和医学院。学生人数从 2001 年的 461 人迅速增加到 2017 年的 9548 人。吉布提大学计划以工学院为首,建设一批新的学院和中心,这些院系将与国外知名大学建立直接合作关系,以保障教学质量,为优秀毕业生提供留学机会,使本国优秀学子有机会前往这些大学进一步深造或接受补充教育(包含提供奖学金)。

吉布提大学,作为全国范围内享有盛誉的高等学府,目前正处于其教育发展的鼎盛时期。因此,吉布提大学希望在 20 年内再建立一个相似规模的校园,容纳更多学生,并提供更全面的学生服务。除此以外,学校计划建立学生餐厅和公共运输系统,以改善学生生活条件。教育质量面临的挑战在于如何满足国民经济发展的需求,为越来越多的毕业生提供就业保障及技能培训,使毕业生能够在未来获得不错的就业机会,而不仅仅是找份工作糊口。这样的教育导向使工科学生成为本国经济发展的引擎,他们投身于各种基础建设和新能源开发项目(如公路、铁路、港口等基础建设,以及地热、风能、太阳能等新能源开发),为建设吉布提共和国做出贡献。我们可以看出,吉布提大学的决心和目标都是努力发展高水平的教育。

一切都恰逢其时,吉布提大学需要伟东云,伟东云能帮助吉布提。伟东云智慧教室的落成,对吉布提来说,绝对是教育历史上的一座里程碑。

再忆过去,吉布提的教育改革发展事业举步维艰。起初,吉布提基于国内社会大背景,选择采用法国教育制度。我们常谈"因地制宜",地理上如此,教育上也如此。吉布提基础教育资源稀缺,在物力方面,学生们人手一本教材都无法满足;在人力方面,多年来国内教师一直供不应求。尽管后来吉布提一点点摸索到了正确的道路,确立了十年教育总体规划,但国内教育事业的进步依然受阻。除了硬件上的不适配,还有软件落后的因素。网络技术在现代教育发展的历程上,一直举足轻重。2020年疫情暴发后,网课"时代"悄然降临。刚刚成为"主播"的老师们也不都十分娴熟,总有断网、卡屏和误触等情况发生。光是偶尔的操作失误就能直接影响课堂质量,足见通信设备和技术在教育背后的支撑作用。可是,那时候吉布提缺的正是足够强大的通信网络技术。

凡此种种,都推动伟东云教育集团和吉布提走到一起。在与伟东云教育集团携手以前,吉布提已经大大改善了国内基础通信设备条件,引进了电子网络技术。"天时"有了,"地利"与"人和"在哪?

一个项目的成功,前期准备很重要,策略布局更是要严加考虑。在权衡各种利弊,抵抗各方压力,考量各项条件之后,伟东云教育集团从系统性、整体性的角度评估吉布提大学:规模不小,生源已达千人;院系实力更是不容小觑,不仅有传统的法律、经济和管理学科,还有自然科学、人文、语言和社会科学、医学和工程学等学科,涉猎面广,综合性强;该校还设有工业和第三产业服务研究所,可塑性和合作空间很大。伟东云教育集团发现了吉布提大学发展的可能性,很好地把控了"地利"。

只差"人和"!

机会总是留给有准备的人的。其实早在 2017 年伟东云教育集团董事长王端瑞就已经开启了伟东云教育集团的非洲布局。2017 年的冬春之交,王端瑞董事长一行人从冰雪山东来到炽热海滨吉布提。吉布提景色一绝,但不是他们此行的目的——他们带着集团的使命而来,肩上扛着联合国教科文组织的期许。受联合国教科文组织邀请,为践行对吉布提"2035 年愿景"的支持,伟东云教育集团与联合国人员同行,执行为期两周的项目,即协助吉布提加强国内高等教育系统建设。怀着对集团技术设施的自信,更揣着作为中国企业的自豪感,王端瑞董事长在吉布提大学做了关于集团产品、教学成果等各项报告,严密详尽。或许是这样一份发自内心的自豪感和切实的成果,打动了在场的校方。他们迫不及待地提出合作请求,真诚希望伟东云教育集团可以把自己的优秀教育课程技术植入吉布提高等教育中,希望它们可以融合在高校的远程教育实践中。校长和吉布提大学的教师,一起参观了智慧教室。或许在参观的过程中,他们看到了屏幕上对着空气也能激情满怀的教师;或许在调试的时候,他们看到了伟东云教育集团技术团队协作的熟练和专业;更有可能的是他们向往成为屏幕里的那个讲师,可以把知识、课堂、精彩的教学瞬间记录下来,让更多的学生看到,让这些智慧传得更远。细节都在结果中体现着,吉布提大学做出的选择,便是对伟东云教育集团最大的赞赏和肯定。不论是校领导还是任课老师,大家的呼声都出奇一致:我们能成为伟东云教育集团与非洲合作的第一所大学吗? 当然,三年后他们的美梦在中国和吉布提双方的共同努力下,终于成真了。这就是人心所向的奇迹,他们坚信教育的力量,我们提供力量的源泉。对伟东云高等教育创新项目备感兴趣的,还有吉布提高等教育研究部部长。他不仅对这一项目夸赞有加,更对中国企业、中国作风赞叹不已。他本人对伟东云教育集团生长的这片沃土——一个现代化教育发展的示范地充满了好奇和敬仰,直言要亲自到访中国,一探究竟。想必在场的所有人,都真真切切地感受到了伟东云教育集团为吉布提带来的新希望。他们也坚信这些先进的技术,能够成功且完美地实现从技术知识到教育成果的转化。吉布提人民信任来自中国的援助,因为这能让吉布提更大步践行"加强高等教育,促进公共、准公共以及服务人员在技术和研究领域的能力"这一使命。

令世界欣喜的是,伟东云教育集团交出了令中吉双方都满意的答卷,给吉布提高校师生带去了前所未有的学习体验,更是让集团教育理念实现了"走出去"。

伟东云教育集团从未停下前进的步伐。除了致力于打造中国优质教育平台应用,为公平教育不懈奋斗,伟东云教育集团更是通过"欧美""亚非"双路线的动力,全方位推进教育国际化进程。从黄海海滨到亚丁湾西岸,伟东云教育集团的"亚非"羽翼日渐丰满。

"我们是生于'非典',困于'新冠'的一代学子,但我们看见了乌云里闪着湛蓝碧空。"伟东云教育集团员工说道。伟东云教育集团是一个肩负社会责任的企业,多年来脚踏实地践行自己的诺言,"撸起袖子加油干",和真心实意谋教育发展的吉布提"撞了个满怀",也给了吉布提一片湛蓝色的教育晴空。

随着援吉布提基础教育学校项目的有序开展,鲁班工坊培养了一批批职业技术型人才,伟东云智慧教室圆了渴望知识的学生的学习梦……他们的成绩都写在吉布提的教育史上。而中国依旧没有停止援助和支持——孔子学院正在路上。从1979年建交以来,中吉关系一直在稳中升温。建交第八年,吉布提第一批留学生队伍来到了中国。他们在这里切切实实地感受到了中文的魅力,体会到了中国教育者的热情,见识到了中国文化的博大精深。俗话说得好,"礼尚往来"。吉布提送来了渴望知识的莘莘学子,送来了两国文化交流的砖瓦。2013年,中国也派出了热爱教学和文化事业的精英教师,牢牢砌好中吉文化交流这座坚实的桥梁。那年,汉语将自己的魅力留在了吉布提,生根发芽。早在破土的时刻,中吉双方就都已经在蓝图上画下了未来这棵参天大树的雄伟壮丽。没有辜负所有人的努力和期待,随着"一带一路"倡议和中非合作的深入,汉语在吉布提的发展前景一片光明。

孔子是华夏之师尊,开私塾之先例。中国这位伟大的思想家、教育家毕生致力于教育。学中文,焉能不学孔夫子?借中国国际中文教育基金会代表杨卫理事长的话来说:"非洲一直以来都是中文学习需求最旺盛的地区,也是学生学习中文天赋最高的地区。"孔子学院入驻吉布提是大势所趋和"学"心所向。一所学院,一个教育基地的落地,需要人力,也需要物力支持。许多基金会纷纷表示将携手中外合作伙伴,争取更多物资和资金方面的支持,以推动吉布提孔子学院可持续高质量发展。

那么孔子学院给非洲地区特别是吉布提带去了什么呢?

将汉语的精髓淋漓尽致地展现出来,传播优秀的中华文化,加深中非人民之间深厚的友谊是孔子学院数十年来矢志不渝的使命。

"少年强则国强"的道理也刻在吉布提教育事业的发展史上。吉布提共和国国民教育与职业培训部部长穆斯塔法·穆罕默德·马哈茂德对孔子学院提出了为吉布提青年学生带来新发展机遇的期待:"吉布提教育部非常重视中文项目,决定在吉布提市所有公立高中开展中文教学,并给孔子学院提供专门的办公场地。"此外,双方还就中吉开展联合培养国际化人才进行了交流。中国驻吉布提大使馆、中国国际中文教育基金会和四川师范大学都高度重视并支持吉布提孔子学院的发展,表示孔子学院定会努力打造中吉人文交流平台。功夫不负有心人,2022 年 2 月 7 日下午,带着所有预备师生的期望,四川省高校在非洲的第一所孔子学院正式落地,吉布提的青年想要学习中文的机会变多了,他们练习中文的场地变大了;吉布提的中文爱好者,与中华文化这块瑰宝之间不再遥不可及;他们甚至可以实现和中国青年、中国优秀人才交流的梦想。这一切,皆是关于人文、关乎文化的碰撞,他们邂逅的火花是未来吉布提教育、中非合作绚烂夺目的烟花。

中国驻吉布提大使胡斌在致辞中对中吉有关机构达成孔子学院合作协议表示祝贺,并表示吉布提人民前往中国进行贸易、旅游、商务或求学的机会增多了,学习并掌握中文也将有助于更好地了解中国历史文化的独特魅力和中国当前的发展情况,进而更有利于在中国境内开展各种活动。

孔子学院的欣欣向荣离不开吉布提政府方面的支持。吉布提马哈茂德部长在致辞中表示,孔子学院为吉布提民众提供了学习中文、体验中国文化的绝佳机会。为此,吉布提国民教育与职业培训部将全力以赴、矢志不渝地支持吉布提孔子学院的建立和发展。汪明义校长在致辞中也表示,以语言教育和文化交流为纽带,定能促进中吉双方政府间和民间的人文交流,将新时代下的中非合作推上新台阶。这里是非洲之角,我们在这里扎下了中华文化之根,未来必将勉力推动吉布提的中文教育发展,加强中吉教育文化交流合作和友好关系。

山川异域,风月同天,我们在同一片蓝天下。

在新时代的背景下,教育的内涵越来越丰富,教育的力量越来越强大。没有教育,整个民族未来的发展都不可预料。中国和吉布提肩并肩,为了吉布提人民的利益,为孩子们铲除教育这条路上的荆棘:提升教师水平和技术人员专业素养,拓宽教育面,助力教育事业同经济事业形成资源供给良性内循环;提高高等教育的质量,降低文盲率。这一切都是为了吉布提未来教育事业的进一步高质量发展。

在这片蓝天下,我们期待吉布提的学生们在知识的海洋中遨游,在学习的树林里探索奥秘,在中吉双方教育企业家、组织和院校的携手下,一起茁壮成长。

# 中国人是好朋友

关于朋友,在中国有太多隽语、数不清的箴言和口口相传的俗语。

有朋自远方来,不亦乐乎? 在过去,中吉友谊历经数十年的考验;在新时代,中吉双方又完美诠释了"雪中送炭"的含义。

十几年前,一艘轮船驶往吉布提,乳白色的船身、普通的配色都使得这艘船看起来和"军队"两字沾不上边。事实上,它正是"和平方舟"军舰。人如其名,舰如其称。这艘特别的军舰没有导弹和炮火,船上满载着一群从中国远航而来的"和平使者"。高高的旗杆,坚固的船身,上面坐着早已做好准备"撸起袖子加油干",和病魔死神抗争到底的"白大褂"们。正如东帝汶民主共和国一位受援的老兵所言:"在这艘没有导弹、大炮的军舰上,我感受到的是和平的福祉!"甲板上仁立着刚刚试飞结束的直升机和扛着梯子的"空中救生通道"小分队。方舟周身鲜艳的红色十字,更是昭示了"和平方舟"的最主要功用:医疗。俯瞰时,高高的旗杆和飘扬的旗帜在空中绘出优美曲线;遥望时,坚实的船体犹如冲浪板一样破开这层层波涛,一侧的"866"三个数字明晃晃的,也俨然一身正气。而那日的海面波浪层层迭起,它们歌唱着这首中吉友谊交响乐的前奏,期待着一个个奇迹,一场场缘分……吉布提人民翘首以盼,等待着朋友的"做客",等待着那块赶走冰冷和残酷的"热炭"。

这一次"和平方舟"的远航而来承载了很多个"第一"。它是目前世界上最大的医疗船,作为万吨级别的医疗船,"和平方舟"赴吉布提是"和谐使命"任务的开端。吉布提当地将"切开脑袋"视为禁忌,但是在现代医学中,确实有"开颅手术"这样的治疗方法。除了禁忌,由于经济条件限制、医疗技术落后、药品资源稀缺,吉布提医院从未尝试过这一手术。可是人命关天,此时此刻开颅手术已经是患者最后的希望了。为了拯救生命垂危的脑部受伤患者,"和平方舟"上两位军医先是找到上级汇报情况并确认风险,而后开始不断给病患家属做思想工作。几经周折,在吉布提这片土地上终于进行了第一例开颅手术。值得贺喜的是,手术非常成功。除此以外,手术台周围一排吉布提白衣天使也第一次观摩了由中国医生主刀的极具考验和风险的开颅手术。同样在"和平方舟"的"妙手回春"下迎来自己新的人生的,还有一位慕名跨国而来的病患。他从汤加王国赶来,为的是取出已经在体内存留近 4 年的子弹,子弹长期嵌在肉中,痛苦万分。疾病的困扰,让他想来"和平方舟"碰碰运气。因为子弹非常靠近心脏,手术风险极大,他多年四处求医却屡屡被拒,所以他自己并没有抱多大希望。但没想到,这一次他来对了!专家组很快确定了手术风险所在,一番交流和探讨后,悉心告知这位汤加小伙手术潜在的风险和手术注意事项。或许是手术的成功让"和平方舟"名扬万里,或许是专家组坚定而又关切的眼神让他心生信念,患者选择相信中国团队,选择相信中国人,自信满满地躺上期待已久的手术台。不到半个钟头,这颗潜伏了近 4 年的顽固子弹就被取出了。这位汤加小伙终于可以开始新的生活,再也不用满怀希望地穿梭于各个国家的各个医院,又垂头丧气地离开。

2010 年,在吉布提的一周时间内,"白大褂"们共救治了当地患者 2719 人次,辅助检查多达 2588 人次。① 吉布提是"和平方舟"抵达的第一站,但不是唯一一站,后续它继续南行,一路按计划实施诊疗和援助;7 年后,他们又回到了这片炽热的土地⋯⋯

第二次远航,与吉布提的"再续前缘"要从 2017 年 11 月 23 日说起。当日中国国家主席习近平与吉布提总统盖莱在北京举行会谈,正式宣布建立中吉两国战略伙伴关系,全面深化两国各领域合作。吉布提是世界上最不发达国家之一,国内自然资源匮乏,工农业基础较为薄弱,当地医疗卫生条件更是极为有限,健康状况普遍较差的国民在就医时往往得不到及时有效的治疗。健康对于吉布提民众来说是多么简单而又急切的诉求!2017 年,中国海军"和平方舟"医疗船再一次来到了吉布提,为吉布提人民提供人道主义医疗服务——送来了吉布提人民期待已久的"炭火"。

"和平方舟"访问吉布提期间,主要利用医疗船接待患者,同时还分批派出医护人员到战地医院和村庄等地设立临时医疗点。这在当地迅速掀起了一股就医热潮,许多民众听闻后,不约而同地冒着近 40℃ 高温前来就诊。面对当地气温过高、排队等待人数过多、等待时间较长等问题,中方做出了灵活周密的安排:虽然地方有限,但是通过分流就诊尽可能地提高就诊效率。护士们先根据患者描述的症状对他们进行分类,然后患者在医护人员的引导下到相应的诊室就诊,这大大提高了就诊效率。其中一个诊区紧邻检伤分类区,因为收治的大多都是行走困难的患者,性质特殊,所以中方专门准备了运送重病患者

---

① 《怀仁扬帆卫和平——记海军"和平方舟"号医院船》,2019-12-12,https://baijiahao.baidu.com/s? id=16526788567065290658.wfr=spider&for=pc,2024-06-29。

的电梯。除此以外，考虑到患者的安全问题，医护人员还贴心地准备了各种防滑装置，如防滑地板、担架固定器等。伤员在担架上稳稳当当，没有一丝的害怕，眼里流露出感激之情。手术室是医院的核心区域，更是拯救一条条生命的关键地方——它需要高度的稳定性。为此，中方把核心区域独立安置在一层甲板上，这是整艘方舟最平稳的区域。在这里忙忙碌碌、争分夺秒又细致入微的白衣天使可同时进行 8 台手术，在手术室后边有两间 ICU 病房，便于对病人进行快速且便捷的术后观察。为了尽量还原陆地手术区构造，船内通道设计得十分宽敞，手术床可以自由推行，不易发生事故，也有利于病人的接诊和转移。作为先进医疗队伍，人力上采用精英，物力上更是选用最佳："和平方舟"配有远程医疗会诊系统、医疗局域网和视频监控系统，医疗船上的医护人员可以通过卫星与岸基医院进行远程医疗会诊。一切看起来都是那么完备，那么充足。不过，中国人骨子里是认真严谨的，医疗队做好了各种应急预案，在紧急情况发生时可以迅速转移，避免对伤员造成二次伤害。俯瞰医疗船人们会发现，船体周围有几艘救生小艇随时待命。不管在哪里出现情况，在前、后、中三个方向都可以用担架将伤病员送进救生小艇。那里最多能容纳 16 张床、26 名医护人员。这些措施还远远不够，如果海上环境不安稳，就去空中进行医疗救治！这些救生小艇都可以实现直升机换乘、吊篮换乘和靠绑换乘三种换乘手段，能够快捷有效地接收和运送伤员。因为这一方案，两国军队之间还专门开展了直升机海上立体救护应用专业交流以及医疗救护专业交流。

不仅如此，在方舟还未靠岸的时候，医疗队就多次开展无病人演练。他们抬着担架，快而不乱地模拟紧急运送病人的场景，从他们娴熟的动作中可以看出所有医护人员都训练有素；

绷紧神经的还有来回百米冲刺的机组人员,他们不断地练习拿梯放梯的动作,确保转移人员等演习步骤有序进行。虽经千百次的锤炼,他们仍不肯松懈一瞬,把每一次起跑都看作在和死神比拼。相比第一次的远航,现在的他们积累了更多的经验,满怀更多的自信,怀揣着一路上收获的感动,并把这些全部化作"旧友重见"的喜悦之情。从中国大陆到非洲海滨,一路风景更替,闲暇时他们拿起笔记录这风平浪静、海阔天空,在密密麻麻的日记本上记录着每一天的感受。这艘船上流淌着温暖,即使一批批人员交替,也不会换下任何一份热情和激情。更重要的是,这份温暖早已流进了中吉两国人民心中,一艘船代表的是中国心、中国爱——我们在这一头祈愿平安,他们在那一头守护美好。

所以这里不是冷冰冰的病床,睁眼看见的不是白得让人紧张的墙壁。这里有希望,不仅有生存的希望,还有让生活更美好的希望。四周是眼里流露着自信和温柔的医生护士。患者眼里也有光,那是重新迎接生活的喜悦,也更衬托出白衣天使的光辉。在这里,他们的健康被重视,他们的生命权得到维护,他们知道,眼前奔忙的"白大褂"们是真心想要解救他们的。这其中有不少人长期忍受着病痛的折磨,有些人意志逐渐消沉,有些人已经感到麻木……然而现在,有很大一部分人可以接受全面的检查:中国医疗团队带去了先进的医疗设施,开展 CT、DR、B 超等辅助检查不在话下。还有一部分人得到了更精细的进一步治疗。"授人以鱼不如授人以渔",这是中国援助的关键要义。中国医疗队在救助吉布提普通民众时,也不忘对吉布提进行医疗协助:首先,中国医疗队伍前往吉布提医疗卫生机构,对当地医护人员进行培训。中国医疗队在做好自己医护工作以外,协同当地医疗工作者一道,针对疑难杂症病例或是当地医疗水平无法完成的手术进行研究和讨论,成功救助了许多诸如肌肉挛缩畸形、白内障等病患。常年的痉挛，早已僵硬的四肢，再一次可以自由活动，患者的热泪夺眶而出，这本是一个遥远的梦，但在"和平方舟"到来的那一天，终于实现了。从光明到黑暗，或许患者早已记不清家里碗杯的花色，无法亲眼见证自己孩子的成长历程，甚至连自己的容颜也在记忆里逐渐消退。他们在和医护人员一起战胜病魔之后，终于再一次看到了镜中的自己，光明的感觉永远是那么舒适，好像一切美好都不期而至。

这船上装载的是漂洋过海而来的爱，温暖了方舟上每一个吉布提人民的心。吉布提海军司令阿卜杜拉曼上校跟中国任务指挥员管柏林开玩笑说："你们看我多有眼福，一打开窗户，就能清清楚楚地看见这艘漂亮的医疗船！"他的一句玩笑话，背后蕴藏的是吉布提人民对中国医疗队和中国援助行动的欣赏，更代表了百万吉布提人民对中国诉不尽的感激。随行的翻译人员描述了一次其与吉布提海军将领的谈话，这位将领表示自己对《习近平谈治国理政》一书非常赞赏和喜爱，并不禁与中国"和平方舟"任务指挥员交流思想、讨论内容。在这一场"粉丝见面会"中，吉布提人民一字一句都是对中国智慧、中国方案的欣赏和对中华民族的信任。

"和平方舟"驶离吉布提港之前，两国共同组织了"中吉友谊长存"文化联谊活动，中国官兵、医护人员与当地人民一道载歌载舞，互赠特色纪念品。

那夜欢笑漫漫，那晚琴声悠悠。

"和平方舟"为吉布提带去了中国先进的医疗团队和医疗技术，拯救了一个个被病痛折磨的病患；"和平方舟"还带去了"中国声音"——实实在在的绕梁筝音向吉布提人民展现着中国传统文化的魅力。灯火在船板上如同波浪般起伏，海水流光溢彩。古筝二十弦,弦弦异音。右手拨弦,如玉珠击地,轻轻敲打着每个吉布提人民和在场中国援助人员的心;左手按弦,似朝露入潭,温温荡漾在每个吉布提人民和在场中国援助人员心头最柔软的一处。"和平方舟"的船员们还准备了舞狮节目,虽然场面没有那么隆重宏大,也没有国内炫酷的杂技技法,但不管是在狮子头套里满头大汗的表演者还是惊叹不已的吉布提观众,都全身心沉浸在这场文化盛会中。"和平方舟"医疗船船员张皓、张小龙表演的《武林风》,点燃了吉布提男孩们内心的熊熊烈火,打开了他们对中国武术好奇心的大门。他们一边观赏一边照葫芦画瓢学做动作,像模像样,神情最是到位。多年以后,他们都会记得,那一晚小雨淅淅沥沥,海风温柔宜人,驱走了吉布提 40℃的高温,也吹散了心间的阴霾。

为迎接每个人的新生活,吉布提人民和中国援助人员一起挂上了红灯笼,编起了象征美好幸福的中国结。一点一点把回忆,把喜悦,把幸运,织起来,缠进去——这是拆不散的结,这是剪不断的羁绊,这是中国与吉布提友好互助的决心。

那夜载歌载舞,那晚掌声鸣鸣。

吉布提人民也带着他们的传统文化和一份对中国以及"和平方舟"最诚挚的祝福,展现了当地富有民族特色的音乐舞蹈:阿法尔族传统舞蹈。表演人员一动一定,一抬手一踏步,都是吉布提人民的真诚谢意。他们眼里,是藏不住的欢欣,还有舍不掉的留恋。台上台下,欢笑和掌声交汇。一个小女孩不断地恳求妈妈带着她和医护人员合影,妈妈牵着女孩来到穿着军装的"和平方舟"医护人员中间,快门一声接着一声,吉布提人民和中国医护人员的笑脸就这样被定格。末了,小女孩一点点挪向医护人员,小小的脸颊红扑扑的。医护人员蹲下来询问小女孩有什么需求,没料到"啵唧"一下,自己的脸便被"刻了个章"。

惊喜之余,更多的是感动。孩子是纯真的,他们表达自己感情的方式是那么热烈,那么动人。一个小小的唇印,胜过了千言万语。小女孩的母亲和在场的医护人员相视而笑,伴随小女孩羞涩而热情的咯咯笑,连微风都被这温暖和爱感动得发烫。一位船员即兴演奏了萨克斯版本的《小苹果》,再次引爆了现场气氛。数十名吉布提观众难掩心中不舍,自发走上台与中国朋友手牵手,同舞动。一群爱好中国功夫的吉布提学员趁此机会大展身手,先后表演了中国拳术、长棍、剑术等。挥拳向长空的一瞬间,像一个勇士,那是吉布提人民不屈不挠和病魔、困难作斗争的剪影;指剑破海风的一刹那,同先前的海浪一起奏响了送别"和平方舟"的尾音。那夜空气也飘香,海浪也陶醉。

夜晚十点,海岸还是人气十足。吉布提政府特别准备了定制的蛋糕——中间画有中吉两国国旗。奶油甜甜的,泪水咸咸的。甜化在心里,咸留在记忆里。"感谢'和平方舟',吉中友谊万岁!"这是在场的吉布提民众发自内心的呐喊,也是此次医疗援助的完美落幕。"和平方舟"终会驶离吉布提,但总有一些东西会长久地留在中吉两国人民的心里,深深刻在中吉两国关系的每一个篇章中。两国友好合作史上这浓墨重彩的一笔,会长长久久地刻在时光里,指引着双方走向更美好的未来。

海浪护着"和平方舟"远去。回首,岸边是若隐若现的人潮。与中国人民手牵手的余温尚未散去,也不会散去,中国和吉布提人民已经紧紧绑在一起。我们牵的是手,连的是心,中国和吉布提的友情线延向远方,延向未来。

"通上了,通上了!"

2016年10月5日,是一个平凡但值得纪念的日子,是吉布提百万人民发自内心欢呼的日子——亚吉铁路在这一天正式通车!站在这里远眺,被誉为"非洲屋脊"的埃塞俄比亚高原横在中间,高高凸起,彰显着大自然吞噬一切的力量;脚下是吉布提,踩着被烈日晒得稍许滚烫的土地,延伸出去又能看到青绿平原,再往前走,又有层层叠叠的丘陵和高原交错出现在视野里。从埃塞俄比亚到吉布提,有贯穿全境的东非大裂谷东支裂谷带,有随时会被雨水冲刷而坍塌的道路,还有数不清的野生凶猛动物,不管是地势、气候,还是动植物阻碍,都把"行路难"三个字刻在了这样一趟旅途上。没有人设想可以从埃塞俄比亚舒舒服服地坐着稳稳当当的列车来到吉布提,但是亚吉铁路做到了没人敢想的事。

　　若回忆起没有亚吉铁路的日子,吉布提的商户或许会泪眼婆娑。毕竟在热带沙漠气候区,有哪些蔬果能忍受长达一周的运输旅途而不"出出汗"呢?它们一身汗,农户商户一把泪。不少蔬果还没到目的地,就已经变质了,这对整个产业链来说都是极大的挑战和威胁。得益于亚吉铁路的修建,这段旅途的时长从最慢7天缩短至最快半天不到。以后,吉布提的民众想吃到还带着朝露的外来鲜果蔬菜,再也不是梦了。疫情防控期间,亚吉铁路肩负民生保障重任,每天运送超过150万吨的民生必需品、防疫物资、工业原料等。铁路运输的不仅仅是物资,更是希望,是爱!

　　这次中国对吉布提在交通上的援助,是吉布提海外铁路产业链第一次完全以中国标准为支撑完成的。亚吉铁路是按照中国电气化铁路二级建设标准建造的,设计速度为120公里/小时,项目投资总额为40亿美元,在此之前东非从未有过电气化的铁路。秉承"帮助非洲'一带一路'国家完善基础设施,推动其工业化、信息化的同时,避免把高污染和高排放企业向非洲国家转移"的理念,我国将绿色发展理念融入双方的合作项目中。用绿色能源提供电力,大大降低了该设施在吉布提的碳排放量,不仅符合其国家利益,也是对《巴黎协定》①中碳减排目标的积极响应。

"修这条铁路,首先要做一个合格的探险家。"

承建此铁路的中铁二局,有一个海外劳模创新工作室。据工作室一位"探险家"徐州的采访回答,我们更加清晰地了解到建造亚吉铁路全程的艰难险阻。东非大裂谷是地壳运动产生的熔岩高原的下陷地带,石灰质地基让铁路填料的选择成为难题。但没有什么能难倒中国人,更没有什么能难倒有着共同目标和为美好未来奋斗的人,尽管他们有着不同肤色,说着不同语言。徐州的团队和当地一位黑人小哥,在寻找解决方案的路上,互帮互助。他们一起徒步攀登,不放过每一个可能作为填料的原材料;他们头顶烈日,不惧突临的暴雨;他们一起视死如归般同各种不幸遇上的野兽周旋对抗,一次次在大自然的考验下生存,一次次在鬼门关前徘徊。队员回忆,若不是黑人小哥眼疾手快抓住徐州,他就要掉入怪石嶙峋的缝隙中,或许难以生还。每每想起那些令人胆战心惊的危险时刻,徐州都会不自觉地额头冒冷汗,攥紧拳头。

这条铁路全长 752.7 公里,自邻国埃塞俄比亚至吉布提首都吉布提市。为了解决 50 公里的填料匮乏问题,该团队走了100 公里。好在功夫不负有心人,手上的老茧和腿上的伤疤"换"来了最后的胜利——他们成功找到了克服石灰质填料难题的方案。从桩基、承台到墩柱和简支 T 梁,他们每一次都紧紧抓住机遇,每一次都牢牢守住踏上这片土地的初心,他们不愧是合格的"探险家"。正是他们的勇敢无畏,助力他们一次次挑战极限;也是那份坚贞不渝的友谊,支撑他们一路披荆斩棘,

---

① 《巴黎协定》,是由全世界 178 个缔约方共同签署的气候变化协定,是对 2020 年后全球应对气候变化的行动做出的统一安排。

磨出了结果,炼出了奇迹。坐上亚吉铁路的列车,每个人都笑逐颜开。不仅吉布提国内各个沿线区域的人民得到了实实在在的好处,中吉关系也得到进一步加固。

真正的朋友雪中送炭,真正的朋友有难同当,患难见真情。"和平方舟"的援助,由内而外,不仅缓解了吉布提的燃眉之急,更是为未来吉布提医疗的质变送上了敲门砖。自下仰望,桅杆如云,医疗床撑起了一片天,撑起了那张中国和吉布提共同谱写的友谊蓝图。在亚吉铁路建设上,中国方案由点到面,润物细无声,点点星光照亮吉布提大地。从卫星俯瞰,吉布提红黄绿交错,让人不免联想到梵高的《星空》。图像上显眼的银色铁轨,好似星空中流淌的银河,那是中国和吉布提人民心心交汇的长河。

"中国人是好朋友!"

这是吉布提人民质朴的心声,也是来自整个吉布提大地的呐喊。中国援助吉布提的切实行动,用习近平主席的话说,凝在四个字里:"真、实、亲、诚。"这是中国对非政策理念的精准概括,也是中国在援助上坚守的准则之一。

"真",表现在我们的真心援助和支持。全球化背景下,中国始终把同非洲国家团结合作作为中国对外政策的重要基础。中国国际地位的提高和话语权的增强,也不会改变中国对非洲国家核心利益的支持。2018 年非洲工商界代表阿金武米·阿德希纳表示在非洲有 4 个国家实现了良好发展,其中就包括吉布提。吉布提自主解决本地区问题的努力被世界看在眼里,终于"皇天不负有心人",中国作为世界上最大的发展中国家,真心实意地支持吉布提走符合本国国情的发展道路,创造属于自己人民的幸福。不管是在医疗方面还是在交通方面,中国都结合吉布提当地情况尽可能做出完备方案:方舟设计合理科学,便捷高效；亚吉铁路的取材填料精挑细选,力臻完美。

"实",一方面,表现在中国切切实实为吉布提民众带去福祉。人之相知,贵在知心。中国了解吉布提人民在生活交通等方面的客观需求,也用行动和诚意交出了满意答卷。"和平方舟"真正捍卫了吉布提人民的生命健康权,中国医疗队不遗余力地救治患者,还留下方法,以便在方舟驶离后吉布提的医疗技术也能有所提升,造福更多民众。"和谐使命-2017"①任务指挥员管柏林在致辞中说:"7 年前,我离开吉布提的时候,有人问我'和平方舟'还会再来吗? 我说会的,只要你们有需要,我们一定会再来。"言必信,行必果。中国 7 年后会回来,那么若干年后还会再来! 那时,可能船员已经换了一批又一批,但是船板上的精神是牢牢扎根的,是每一颗真诚的心灵都可以感知到的,是会在每一代医疗人员心间传递的强大力量,更是随着时间集腋成裘的伟大的爱。那时候羞涩轻吻医护人员的小女孩已经出落得亭亭玉立,但是再见这艘承载着记忆里抹不去的美好的方舟,一切关于幸福和不舍的心情还会涌上心头。那时候在下面模仿中国武术和舞狮的小伙,会不会已经可以表演一套完整正宗的中国拳法,是不是已经在吉布提弘扬中国的传统文化了呢? 我们不得而知,但是我们知道,一切皆有可能,因为中国是实在的,吉布提是实意的。

另一方面,"实"还表现在亚吉铁路助力吉布提经济实现一次质的飞跃。负责亚吉铁路标准轨距的铁路股份公司总干事提到,这条铁路将促进埃塞俄比亚主要进出口商品的顺利运输,尤其是化肥和小麦。在短短几个月里,通过亚吉铁路,从吉

---

①　"和平方舟"医疗船赴非洲吉布提、塞拉利昂、加蓬、刚果(布)、安哥拉、莫桑比克、坦桑尼亚及亚洲东帝汶访问并提供人道主义医疗服务。

布提港口运送至埃塞俄比亚的化肥已超过 7 万吨。在亚吉铁路开通运营后,从吉布提到亚的斯亚贝巴的货物运输成本降低了约 30%,做到了高运量、低成本。

"亲",表现在中国和吉布提的友好关系蒸蒸日上。吉布提是"一带一路"的重要一站,中国在吉布提的建设承载着中国和吉布提对共同发展的追求。中吉合作有利于帮助吉布提打破发展瓶颈,缩小两国发展差距,共享双方发展成果,打造甘苦与共、命运相连的发展共同体。不仅是两国关系向好,中国人民和亚吉铁路沿线国家人民的友谊也会越发深厚。因为这是东非首条电气化铁路,当地人借此机会向中国公司学习信号、通信和牵引电力等铁路技术。正如阿金武米·阿德希纳所说,中非之间的伙伴关系不仅仅在于中国帮助非洲修建了多少条铁路、建设了多少个港口,更在于中国"授人以渔",实实在在地帮助非洲人民提高了自我发展的能力。

"诚",表现在中国坦诚面对双方关系中出现的新情况、新问题。"和平方舟"曾先后两次到访吉布提。第二次到访时,中国医疗队积极吸取第一次援助吉布提的经验教训,寻找问题突破点,不断改善援助方式。亚吉铁路建设前期,当地民众也曾对修建铁路感到不满,中吉双方都高度重视这个问题,积极开展解释和抚慰工作,让民众切实体会到亚吉铁路的价值和意义,最后的成果也实实在在地让他们的初始顾虑烟消云散。

所有的"真、实、亲、诚"都落在援助行动的每一步上,踏踏实实,皆有成效。中国的援助不在于一次两次的方舟派遣,也不在于一条两条铁轨的修建,而在于为吉布提谋发展,求进步。朋友并肩走,困难都不愁。中国和吉布提人民手牵手,在甲板上载歌载舞;中国和吉布提人民心连心,在亚吉铁路轨道两侧同欢笑。

# "小国"和"大省"的合作

随着中国与吉布提关系的不断深入,多年来,作为外贸大省,浙江省积极响应"一带一路"倡议,与吉布提政府在各个领域的经贸合作取得了丰硕的成果。吉布提在国土面积上只有浙江省的五分之一大,一个是"非洲小国",一个是"经济大省",它们之间究竟有着哪些合作故事呢?

早在 2014 年,李克强总理在南京与吉布提总理卡米勒会谈时,就提出了共同建设"非洲自由贸易港"的概念,希望吉布提能成为中国产品通往非洲的桥头堡。"非洲自由贸易港"和中国的"一带一路"倡议不谋而合,为中吉合作打下了坚实的基石。

浙江是中国民营经济最发达、最具活力的地区之一,与吉布提之间的经贸合作有着得天独厚的优势。2016 年 9 月,吉布提国家投资促进局中国总代表何烈辉与浙江省投融资协会会长章建新在杭州共同签署了《吉布提国家投资促进局与中国浙江省投融资协会战略合作协议》。吉布提大使米吉勒兴奋地表示,希望能和中方达成物流、基建等方面的合作,将吉布提建设成非洲的物流集散中心,成为"非洲新加坡""非洲迪拜"。

如果说浙江与吉布提国家投资促进局签署的战略合作协议使浙商大步走进吉布提成为可能,那么 2019 年浙江省商务厅出台的《浙江省加快推进对非经贸合作行动计划》则进一步推动了越来越多的浙江企业家"走出去",与非洲国家政府和市场主体开展互利合作。在一系列政策的支持下,非洲大陆正成为浙商眼中投资创业的热土。

一直以来,吉布提电力供应紧张,电力资源主要依赖埃塞俄比亚进口,国内电力供应则依靠柴油发电补充。吉布提电力公司(EDD)发电量无法满足本国人民生产生活需求,即便是在首都吉布提市,也经常发生停电的情况。不少家庭为了满足基本生活需要,都会自备发电机。由于自然环境的优势,吉布提在太阳能、地热和风能方面拥有巨大潜力,政府正在积极开发太阳能、风能、地热等新能源发电,以弥补国内电力缺口。但由于吉布提科技水平较低,新能源发电成本较高,为了降低人民基本生活成本,目前依然主要使用从埃塞俄比亚进口的水电。2015年,吉布提出台政策来减缓政府融资压力,要求在吉布提建设发电厂的项目必须全部引进外国直接投资,不再由吉布提政府贷款进行融资,未来吉布提政府将以协议收购电量的方式与国外投资商合作,这为外国能源公司与吉布提合作奠定了良好的政策基础。

2022年,浙江运达风电股份有限公司、招商局太平湾开发投资有限公司与吉布提港口和自贸区管理局签订了关于新能源项目合作的备忘录。此次合作既能助力中国国内能源公司对外发展,又能帮助吉布提解决国内电力短缺的痛点,推动吉布提实现能源自给自足。中吉双方友好合作,共同服务国内国际双循环新发展格局,真正实现了互利共赢。

未来,浙江运达风电股份有限公司和招商局太平湾开发投资有限公司将利用"政企合作"的经验模式、"前海—太平湾合作创新平台",与吉布提开展多领域合作,服务"一带一路"建设,助力吉方高质量发展,为吉布提港口和自贸区提供更加便宜的绿电。

除了电力资源短缺外,吉布提同时也是世界上缺水最严重的国家之一。吉布提靠海，常年炎热少雨，境内没有一条常年流水的河流，地表淡水资源非常稀缺，人均可循环利用的水资源总量仅为353.4立方米/年，在所有东非国家中最低，也低于500立方米/年的国际极度缺水标准线。

吉布提虽然极度缺水，但是邻国埃塞俄比亚却素有"东非水塔"之称。只要能将水资源从埃塞俄比亚跨境输送到吉布提，就能解决吉布提的燃眉之急。构想一经提出，吉布提政府就积极主动与埃塞俄比亚政府和浙江的中地海外水务有限公司签订了协议。埃塞俄比亚政府也急需中国的技术支持，帮助它充分利用这些"触手可及"的水资源，因此也大力支持吉布提政府启动跨境供水项目，并为吉布提提供30年免费的地下水资源。

2013年，中地海外水务有限公司进入埃塞俄比亚索马里州的库伦河谷地区深入考察。在实地调研中，团队发现吉布提不仅缺水严重，而且由于饮用水取自地下水，常年受海水侵蚀，水质卫生不达标。含盐量高、硬度高的饮用水让许多民众患上了肠道疾病、结石症等。而且吉布提绝大部分家庭没有自来水，用水要到定点的供水点取用。很多住在吉布提市郊的人为了喝上一口干净的水，每天都要骑着骆驼前往30公里外的水站去取水，往返一趟需要大半天的时间。而且埃塞俄比亚地势起伏，输水线路需要翻越几处高地，这意味着需要把水从低处引向高处。要在这样一片土地上建设饮用水设施，难度不言而喻。中地海外水务有限公司在得知面临的问题之后，依然不畏难、不退缩，坚决要为吉布提人民带来"幸福之水"。在三方专家和技术人员的共同努力下，在过硬的施工技术和施工质量的保障之下，跨境供水逐步从构想走向现实。

2015年3月，吉布提供水项目正式开工。从项目正式启动到全线通水并正式移交的800多个日日夜夜里,项目团队一直在烈日黄沙中和时间赛跑。300多公里的管线,三级提升、五级降压,如此高的管内压力,管材制造、运输、仓储、安装,任何一个环节出现问题,都可能前功尽弃。在几年的建设周期中,团队遇到了不少意想不到的问题,在大家的通力合作之下,都"化险为夷"。然而在2017年,也就是跨境供水项目即将完工之前,吉布提的一场暴雨给了团队一个"晴天霹雳":位于阿尔塔镇地界,尚未做加固处理的两公里主管道全部冲毁。当时,水头已经接近埃塞俄比亚和吉布提边境,为确保全线测试连续不间断,保障原定于6月中旬的通水仪式按期顺利举行,团队紧急调派三个管道施工班组,轮流施工、挑灯夜战。经过连续三天的抢修,成功地更换了全部管道,如期完成了任务。在两年的项目设计、采购、施工过程中,中地海外水务有限公司凭借着先进的技术和过硬的产品,不断推广中国规范和标准,最终赢得了吉布提政府和百姓的认可。

2017年6月,埃塞俄比亚至吉布提跨境供水项目按期完工并顺利通水。该项目包含28口深井、370公里的管道,保证了吉布提每天从埃塞俄比亚引进10万吨干净的水,满足了75万吉布提人的饮用水需求,覆盖了该国八成左右的人口。

埃塞俄比亚至吉布提跨境供水项目是吉布提国家的重要战略项目,是东非规模最大的水务项目之一,也是中地海外水务有限公司成立以来建设的单体量最大的项目。

如今,中地海外水务有限公司的大型水务项目已遍布包括吉布提在内的10余个非洲国家,不但顺利解决了当地人民的生活用水问题,也为不少企业提供了水源,为当地创造了2000余个就业机会,极大地促进了吉布提经济的发展。作为"一带一路"倡议的践行者,中地海外水务有限公司将继续帮助更多非洲人民解决饮用水问题,当好中非合作、浙吉合作的桥梁与纽带。

浙江是沿海省份,吉布提是沿海国家,双方共有的产业是渔业。2017 年,受浙江省政府邀请,吉布提渔业访问团来浙江就渔业合作开展交流访问。

与吉布提开展渔业合作是浙江积极践行"一带一路"倡议的重要一环。2016 年浙江就与吉布提政府签署了渔业协作备忘录,双方秉着互惠互利、友好合作、共同发展的原则,在渔业领域开展了相关探索,为双方地区及人民谋取了更多利益。未来,双方会在水产养殖人员培训、渔港基础设施建设、渔业捕捞等各领域深入开展合作。

浙江坚持鱼渔兼授,共建"一带一路",为吉布提实现"红海灯塔"梦想插上双翼。吉布提地理位置独特,国家发展规划"2035 年愿景"致力于打造地区海运、物流、贸易中心,正朝着"红海灯塔"和"非洲商业与物流中心"的目标奋力前进。共建"一带一路"倡议和吉布提国家发展规划高度契合,中吉合作建设了连接吉布提和埃赛俄比亚的经济大动脉——亚吉铁路、东非地区最现代化的港口之一——多哈雷多功能港、东非地区最大的自贸区——吉布提国际自贸区,为吉布提发展提供强大助力。吉布提政府和社会各界人士都认为,中国帮助吉布提建设了一系列不可或缺的基础设施,开辟了可持续发展的光明前景。①

浙江给予了吉布提技术帮助和支持,吉布提也为浙江提供了想要的海洋资源。

---

① 胡斌:《共建"一带一路"助力吉布提实现发展梦想(大使随笔)》,2023-11-2, http://world. people. com. cn/n1/2023/1102/c1002-40108208. html,2024-06-29。

俗话说,中国渔业看浙江,浙江渔业看舟山。靠海吃海、依海而兴,舟山自古便有舟楫之便、耕海牧渔的传统。海洋捕捞在舟山经济发展和人民增收中有着极其重要的作用。然而,20世纪80年代,舟山曾经丰饶的近海渔业资源,以每年20%的速度下降,东海的大小黄鱼、带鱼、墨鱼等几近枯竭。近海和外海都无鱼可捕,如果想要继续发展渔业,只能到更远的拥有优质渔业资源的地方去开拓资源。从此,舟山揭开了非洲远洋渔业史的第一页。

非洲渔业资源的丰饶"拯救"了"无鱼可捕"的舟山渔业:不仅是遍布烧烤摊的鱿鱼、石斑鱼、墨鱼,一些在东海几乎绝迹的野生海产,如北极虾、海参斑鱼、大西洋鳕鱼,还有国人从未见过的野生海鲜。它们随着舟山远洋渔业人的深拓,从世界各渔场"游"到了中国,"游"进了中国人的碗里,改变了中国人的饮食结构。舟山和吉布提的渔业合作从一开始的简单捕捞和生产,逐渐发展成以远洋渔业合作为纽带,开展经济合作与互动的模式。

40多岁的浙江博海渔业有限公司董事长蒋海威,从没想过有一天能去吉布提做个"捕鱼达人"。2016年,浙江博海渔业有限公司成功取得吉布提海域50年海洋资源开发权,成为中国首家、全球唯一获准进入"一带一路"沿线国家开展渔业合作、进行海洋资源开发的企业。

获得开发权的过程充满了巧合。蒋海威经朋友介绍认识了一位在非洲的渔业公司老总,老总是浙江杭州人,在非洲打拼了10年,刚获得吉布提50年的海洋资源开发权。由于浙江博海渔业有限公司有远洋捕捞船,在海洋捕捞领域拥有更多的经验和优势,又因为浙江老乡的信任,双方一拍即合。"在我们之前,还没有任何其他国家的渔船到吉布提从事大规模海洋捕捞。也就是说,我们是现今全球唯一一家获准在吉布提进行海洋资源开发的外企。而且,未来 50 年内,其他任何一个国家要到吉布提从事海洋捕捞,都要经过我们的合资公司同意才行。"蒋海威说。

蒋海威坦言,我国近海的渔业资源衰退严重,想可持续发展必须走出去。在我国近海海域捕捞,要开 18—20 小时才能捕到鱼。而在吉布提,从港口出发只需 5 个小时就可以到达专属经济区开展捕捞作业了。

吉布提的海洋资源无比丰饶,长 15—20 厘米的墨鱼数不胜数,石斑鱼也随处可见,蓝鳍金枪鱼、马鲛鱼等数量也很充足。这些国人耳熟能详的鱼类在中国东海几乎已经绝迹。然而,丰富的渔业资源并没有为吉布提创造更多价值,因为当地的捕捞业十分落后,基本上是手工作业,每年有 5 万吨左右的可捕捞量,但实际捕捞量只有 2000 吨左右。丰富的海洋资源和落后的捕捞技术让吉布提和浙江博海渔业有限公司走到了一起,双方的合作可以真正实现互利共赢。

浙江博海渔业有限公司将捕捞到的海产品,一部分运回国内,丰富国人的餐桌,一部分借助吉布提的区位优势,销往欧盟国家。吉布提是个自由港,销往欧盟国家的绝大多数商品是免税的;而且吉布提距离欧洲很近,经过红海穿过苏伊士运河就到了,运输成本因此大大降低。

吉布提地处"21 世纪海上丝绸之路"的重要海上通道,每年有成千上万的船只从亚丁湾经过,但周边却没有一个可供船舶修理、提供后勤补给的地方。在目睹了吉布提的资源优势和潜在商机后,蒋海威冒出了一个想法:在吉布提建造一个船舶修理基地。吉布提渔业有限公司在综合性渔业基地内专门开辟了一块区域,用于船舶修理、后勤补给。

也许是浙江博海渔业有限公司的专业和为当地政府、人民的考虑打动了吉布提政府,除了提供渔业资源外,吉布提还把本国的渔业中长期发展规划交给浙江博海渔业有限公司来制订。浙江博海渔业有限公司计划在吉布提建造一个综合性渔业基地,开发利用当地资源,辐射周边国家,造福更多人民。

除了能源和产业方面的合作,吉布提国内天然、优质的旅游资源和深厚的文化底蕴也让浙吉双方"书写"出了良好的合作篇章。

2019年,浙江开启了"万人游非洲"旅游交流合作计划。350名"万人游非洲"首航体验团成员从浙江杭州启程,乘坐专机前往吉布提、坦桑尼亚、津巴布韦三国,开启了为期11天的非洲之行。对于特邀体验团,三国政府给予了较高规格的礼遇,相关政府官员也全程陪同特邀体验团游览观光当地最著名的景点,感受最浓郁的文化。

"一带一路"倡议为中非文化和旅游的合作交流提供了不少发展机遇。浙江访非游客数量大幅增长,吉布提也因此成为浙江游客重要的旅游目的地。吉布提驻华大使馆临时代办奥马曾指出,旅游业是吉布提非常珍贵的宝藏,很高兴浙江有一个万人旅游代表团来到吉布提,这对吉布提人来说非常荣幸,非常开心,要积极鼓励开展如此大规模的旅游项目。

吉布提拥有区域和国际市场重要的旅游资源,国内旅游业拥有极具吸引力的自然、地理、气候和文化资源,如终年的阳光和干净的沙滩,具有人文历史气息的旅游胜地,经济舒适的住宿环境、接待和运输基础设施,以及丰富多样的文化等。著名的旅游景点包括阿萨尔湖、阿贝湖、古拜特·阿尔·卡拉卡魔渊、阿尔都巴火山、达依原始森林、朗达兴吉瓦莱瀑布、塔朱拉海上乐园等。因此,旅游业是吉布提国内发展最快的行业之一,每年约有 70000 人次入境,2020—2021 年,有超过 100 万人访问吉布提。旅游业始终占据着吉布提优先发展的位置,象征着国家经济和社会政策导向,是仅次于港口的第二大外汇来源。

目前,已有包括吉布提在内的多个非洲国家主动签约、热情参与浙江与非洲的五年旅游交流合作计划,还成立了由高层官员牵头的工作组来配合实施。浙江省文化和旅游厅还分别与吉布提、坦桑尼亚、津巴布韦等国的旅游部门签署了"浙非文旅交流合作备忘录",未来将在客源互送、市场互促、人才培养、质量监管等方面进行合作。

国之交在于民相亲,民相亲在于心相通。旅游合作是国家关系中共识最多、分歧最少、见效最快的领域。以心相交者,成其久远。而旅游就是普通民众之间最真实的交流。这种交流既是浙江和吉布提人民增进彼此了解、促进共同进步的桥梁和纽带,也是两地人民不断深化认同、紧紧相拥的民意基础。

浙江坚持开放强省的工作导向,秉持共商共建共享原则,积极响应"一带一路"倡议,全力推动与吉布提全方位、多领域、深层次的交流合作。当前,浙江在高质量发展中奋力推进中国特色社会主义共同富裕先行和省域现代化先行,努力成为新时代全面展示中国特色社会主义制度优越性的"重要窗口",这为未来浙吉进一步加深合作提供了重要契机和广阔空间。浙吉友谊源远流长、历久弥新,期待"小国"和"大省"未来创造出更多合作共赢的故事。